史克己 著

我 是 一 颗 大 豆
李石曾传

河南文艺出版社
·郑州·

五十年来谊若弟兄，情若骨肉，那堪小别便永别；

三千载后书同文字，车同轨迹，方知先生真长生。

——李石曾

目录 contents

第二章｜**做着豆腐**
闯巴黎

第三章｜**沙龙**
革命

自序：从无字句处读书

我同本书主人公李石曾先生唯一的交集就是这两个字：高阳。高阳，这个地名，是李石曾先生和我共同的故乡。

李石曾先生的父亲李鸿藻，晚清重臣，手握国柄，死后获赠谥号"文正公"，是有清一代倒数第二个"文正公"，史称"李高阳"。如同李鸿章被称作"李合肥"，翁同龢被称作"翁常熟"一样。因此，他的小儿子李石曾生前不论在哪里勾留停泊，都不忘给人介绍自己的家乡——高阳。他说，我是世界公民，也是高阳人、北京人、巴黎人、台湾人，高阳是我的小家乡，世界是我的大家乡。

我决定写他，是真正的蚂蚁啃大象的行动。一位是影响了中国近现代历史的文化大家、教育大家、实业大家（亦可称之为政治大家？），百科全书式的人物；一位是自李石曾生后百多年里，仍然在他的故乡高阳生活，并以文字谋生的晚生后学。

但我也知道李石曾先生常讲的这样一句励志名言："与有肝胆人共事，

家乡高阳人民为李石曾所作塑像

从无字句处读书。"我从事家乡的文史工作以来，就与一大拨有肝胆有情怀之人心神交会，有今人，更多的是古人，譬如李石曾和他的父亲李鸿藻，还有他们钟鸣鼎食的家族；而从无字句处读书，也让我从一大批如雷贯耳的名著名篇中，看到了名家的舛误和野史的丰盈。例如中华书局出版的《李宗侗自传》序言中，居然把李石曾和张人杰（静江）列为意见不合、政见颇多抵牾的对手，而且作序之人还是享誉海峡两岸的史学大家。殊不知，李石曾与张人杰（静江），乃是一生契合、志同道合、情同手足、互为表里的战友、诤友，何来参商？大概作序者把张人杰和张溥泉（张继）混为一谈了。但此种谬误，应该不属于笔误一类，而是貌似精通掌故，指点江山，实则是文史界心态浮躁，人云亦云，自以为是的反映。可见，"礼失求诸野"，难道只是圣贤的呓语？

我始终不明白，同为现当代科技文化教育界的南山北斗，蔡元培先生身后享誉之隆，"学界泰斗，人世楷模"的定位与标杆，让人高山仰止；而创建了故宫博物院、北平研究院、中国农工银行、中法大学、中华戏曲音乐院、中国国际图书馆等六十多项社会公益事业和机构的李石曾，为什么却总以有些委琐、嬉闹的面目，存活于文化界知识界与无聊文痞的谈资与嗔笑里？近年来，有研究者把"当代武训"的绰号赠送给了李石曾，影视剧里也第一次有了他的形象，连中央电视台拍摄的电视文献片《故宫》，颠过来倒过去，也不得不把李石曾放在创建故宫博物院的一连串显贵名单的最前面。一时间，人们都睁大了眼睛：李石曾是谁？谁是李煜瀛？

孙中山、汪精卫、袁克定当然不可能忘记，武昌起义的枪声里，是谁在北京和天津执掌、支撑革命党的暗杀与谈判大业；在清帝《退位诏书》举重若轻的文字里，倾注了李石曾多少宽容、和平、互助的生命理想？

徐悲鸿当然不会再站出来讲述，他的旷世杰作《田横五百士》中那个目光清奇、须髯飘逸的名士田横，就是以那个在法国不断接济他法郎的"豆腐博士"李石曾为模特。也许在那时的徐悲鸿看来，李石曾尚是中国文化精神的一个代表吧。

巴金当然不会再站出来讲述，他和李石曾联袂翻译的克鲁泡特金的名著《互助论》，曾掀起中国现代思想界怎样的先进哲学思潮。他的笔名与李石曾亦有一段渊源。

焦菊隐也不会再站出来讲述，他的嫡亲表舅李石曾怎样把中国顶尖的银行家召集起来，一顿饭就诞生了创办中华戏曲学校的伟大构想。

程砚秋不会再亲口讲述，他出访欧洲，考察戏剧与教育，钱是李石曾赞助的。甚至杜月笙也不会再回忆，他的充满血腥味的金钱，是怎样投入最为高尚、文明的出版界、知识界的。世界书局董

李石曾书法：大道之行也天下为公

事长李石曾把杜月笙推上了乱世中国最为炫目荣耀的地位，而杜月笙则把当时世上仅有的两辆防弹轿车中的一辆，赠送给了李石曾。宝剑赠英雄，惺惺相与惜。

相比于他同时代的知识界、文化界大佬蔡元培、吴稚晖等名流身上的荣耀和光环，李石曾更有自己的独特气质，那就是——传奇。

是的，只有"传奇"二字，才能概括他的非凡一生。

事了拂衣去，深藏身与名。

李石曾身高只有一米六二，个子矮小，但检点他的一生，你不得不用"巨人"这样的词，来形容这位历史与生活的叛逆者。

我写李石曾，更给我力量的是，李石曾和故乡那一份从未割断，血浓于水的骨肉亲情。纵观李石曾的一辈子，他是从故乡高阳的土地和亲人中间汲取营养，长成了那么丰满刚劲的血脉风骨。我从家乡故老和传主后人口中获取的断续几十年的口述资料和传说，无时无刻不在我的脑海里翻腾、发酵、酝酿、升华。说责任，有些矫情；说发现，有些失宜；那就说是乡谊吧，乡谊，总能给那些意识形态的壁垒涂上一些明丽的暖色调。

史学界总有人在不厌其烦地评说20世纪的民国"黄金十年"，但凡读过几本民国旧书的人，总是念念不忘、颠来倒去那几个掐着指头都能数

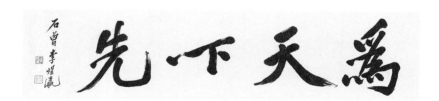

李石曾书法：为天下先

1928 年，李石曾时任北平研究院院长

过来的民国大师。在知识界，似乎不蹭民国热度，就有点不合时宜。但我真的不是"民国粉"，而只是"石曾粉"，是李石曾先生一生行谊所念兹在兹的科学教育粉、民主自由粉、历史文化粉、博爱互助粉……

总之，某政界大人物文集中的一句"大买办大资本家"，论定不了李石曾；国民党中央褒奖令中一句"党国硕望，耆宿奇勋"，概括不了李石曾。共产党领袖曾这样评说李石曾："他搞的那个留法勤工俭学，为我们党培养了不少人才嘛。"颇有意味的是，国民党和共产党两个政治阵营对李石曾的态度。

李石曾是国民党元老，却一生不领国民党党证。他一生的所作所为，早已超越党派。

1928年，李石曾在法国

1950年代，毛泽东在接见中共河北省委一班领导人的时候，班子里有一位高阳籍的省委常委尹哲。毛泽东按惯例要询问每一位下属的籍贯，当尹哲回答自己的家乡是高阳时，毛泽东的眼睛一下子亮了起来，"噢，高阳！高阳我可晓得，高阳出了个李石曾嘛。"岁月流逝，听到与自己的青春岁月密不可分的历史人物和生命场景，毛泽东的记忆一下子被激活了。他也许想起了三十多年前，他初次远游，初会李石曾的难忘时刻和场景，以及他在为李石曾赴法送行人群中的那张合影；他也许想起了在国共合作时的延安岁月，他拍往重庆的每一封电报，总不忘写上"李煜瀛先生"这五个字，这难道只是一种执弟子礼的礼貌与客套？他当然不可能忘记，1918 年秋，在北京西山小南园别墅，李石曾第一次见到毛泽东时，这个年轻的湖南后生正患着严重的足疾，李石曾当即请正在家中做客的法国医生贝熙业为其诊治。嘘寒问暖，长辈与后学之间，心灵的相通与嘉许肯定抚慰过彼此的寂寞与无助。

国民党的阵营里，左派和右派都把李石曾称为"老怪物"。他的怪诞，有多少历史的乖舛与无奈？中原大战，李石曾肩负重任，与张学良洽谈"易帜"问题，举重若轻，大功告成，令张学良一生钦敬。西安事变后，李石曾从北平来到奉化看望软禁中的张公子，他明知改变不了什么，但他还是捧着一颗心来了。他带来过年燃放的鞭炮，与张公子一起在山谷里兴致勃勃地燃放起来，冷酷的历史画面，顿时温情了许多。

同样，驱逐溥仪出宫，李石曾在现场的一句幽默之言"出宫之后，也许溥仪先生将来还能当选民国大总统呢"，让那些过于沉重的历史，瞬间天高云淡了起来。

李石曾一生创办了无数个大学、银行和经济实体，却一生不置私产，而是仗义疏财，广济众生。他发起的进德会，第一条就规定不做官吏、不做议员，甚至具体到不纳妾、不食肉、不吸烟。李石曾一生不做官，甚至到了"驻法公使""教育总长"这样的职位都坚辞不做，连他名下的华法教育会，他给自己封的官也是个令人忍俊不禁的称谓：书记。

胡适谓，历史是任人打扮的小姑娘。非也，历史是一位老人，一位智者，他总在大至一国、小至一人一家的关键转折处，露出自己的庐山真面，或为滔滔激流，或为哲言睿语，或为高山仰止，或为身名俱灭。

在抗日战争最为残酷的时刻，李石曾发表了一篇著名文章《暴敌侵占

必败》，表达"坚持到底，我必胜，
敌必败"的坚定信心，激发了多少
中华儿女的爱国情怀。在法国封闭
滇越铁路，准备承认汪精卫伪政权
的危急时刻，他毅然以国为重，折
冲樽俎，不惜动用私财和人脉，最
终扭转历史走向，维护了国家主权
统一。

　　1973 年，李石曾以九十三岁高
龄行将辞别人世之际，做出了如下
决定：本人全部遗产均社会化。他
对秘书说，从我的钱里拿出五十万
来，代我回趟高阳老家啊……

晚年的李石曾

　　近百年的近现代史。高阳，北京，巴黎，上海，台北。中国，法国，美国，
乌拉圭。留法勤工俭学，故宫博物院，中法大学，中国农工银行，北平研究院。
李石曾。这部传记就在我的眼里鲜活了起来，生动了起来……
　　我当然期待着把这种鲜活和生动也传达给你——亲爱的读者。

引　子
高阳顽童

公元 1887 年秋天的一个傍晚。北京，恭亲王府。

这是一座名为"适园"的园中园。一池清水，波光潋滟，垂柳依依，闲居在家的大清王朝恭亲王奕䜣在公子贝勒载滢的陪同下，接见了自己充任议政王兼领班军机大臣时的主要助手，同值军机、有帝师之尊的大儒李鸿藻。陪同李鸿藻一同前来探望王爷的，还有他的小儿子李煜瀛。李煜瀛字石曾，乳名午官，时年六周岁。

恭亲王在宫里听过李鸿藻的课，他亲切地称李鸿藻为"李师傅"。李鸿藻欲行大礼请安，恭亲王说，免了这套俗礼吧。

这是晚清历史上有名的"甲申易枢"事件之后，两位一时手握国柄的重量级人物走下权势熏天的宝座几年来的第一次接触。

家谱中的李鸿藻画像

当年，这两位军机大臣中的领班，一起经历了大清王朝的许多历史时刻。开始的时候，两人关系并不和睦，意见总是相左。譬如，同治皇帝大婚，花了好多钱，光是置办宫灯一项就要开支几万两银子。时任工部尚书的李鸿藻不同意。恭亲王问他："李师傅，难道皇帝大婚，还不应当挂几盏灯笼吗？"李鸿藻话中有话地说："应当，应当，天下都是你家的！皇帝大婚挂红灯应当从嘉峪关挂到山海关，半个中国都挂上红灯，干吗在乎这几个小钱！"恭亲王一时被噎住了，过了好一会儿才怔怔地说："李师傅，你说的这话，话糙理儿不糙，但是太生硬啊，说到太后那儿去不可以用！"

说也奇怪，自那以后，恭亲王和李鸿藻的关系逐渐变好，最后变得密不可分起来，一个以清流派首领自居的儒臣，一个自诩为洋务派大佬做靠山的皇亲贵胄，从此同气相求，互为帮衬，开辟了晚清政坛的一个清明时代，造就了"同光中兴"的政治局面。两人共同做主杀了大太监安德海，建立了总理各国事务衙门，联络八大臣谏言缓修圆明园，置罪割让伊犁的皇亲崇厚……生生地让慈禧的许多乖舛谬误胎死腹中。直到几年前的中法战争失败，慈禧发动"甲申易枢"，把这两个能臣赶下了台。

两位老友畅谈着，兴起时摆上了笔墨砚台，合作丹青，互赠墨宝。

这时，载滢急匆匆地走了进来，对两人说："皇上和太后驾到。"奕䜣和李鸿藻忙问："圣驾到了哪里？"载滢说："已到了前院，正和李少爷说话呢。"

奕䜣和李鸿藻赶忙穿衣戴帽迎了出

恭亲王奕䜣

李鸿藻书法：山泽高下理所著，金石刻作臣能为（左），花影入簾松翠在壁，琴韵流阁茶香出庭（中），海纳百川有容乃大，壁立千仞无欲则刚（右）

去。走到前院，他们看到了奇怪的一幕：在前院和仆人们玩耍的年仅六岁的李石曾，和慈禧太后、光绪皇帝相谈正欢。

慈禧太后难得一脸慈祥地问小石曾："你是谁家的孩子？"

小石曾不慌不忙地回答："家父乃高阳李鸿藻。"

慈禧说："噢，你就是那个三年前在西暖阁给我请过安的小小子儿午官吗？都长这么大啦！"

光绪走过来，抚着小石曾的肩膀说："太后当年就说这个孩子将来定成大器，来，朕要考考你，看你学问长进了没有。"

小石曾退后拜了几拜，光绪皇上也就把考题想好了，他出的是一道对联题。只见他摇头晃脑地吟道："高阳县顽童六岁——"

　　小石曾在家里已经跟随族叔廪贡生李葆宸开蒙读书，对对子、猜字谜这套文字把戏他早已烂熟于心。皇上刚出的上联，他几乎没有思考，就对上了下联："北京城天子万年。"

　　小石曾刚一落音，慈禧和光绪就忍不住喜笑颜开。光绪击节而赞："这孩子真聪明！真应了太后的话，将来必成大器！"

　　说话间，奕䜣和李鸿藻过来请安。慈禧拉着小石曾的手说："我要好好赏赏这个聪明孩子！"事后，慈禧特意赏小石曾如意一柄、荷囊一对。

　　也就是这次见面后不久，奕䜣和李鸿藻奉太后懿旨，重返内阁中枢，掌管朝政。这是不是也有小少爷李石曾机智对答，讨得了太后欢心的功劳呢？

　　送走太后和皇上，小石曾跟随着恭亲王和父亲回到书房。他看到父亲和恭亲王共同画了一幅《桂花图》，不禁激动地喊道："王爷，父亲，桂花是个吉兆啊！《桂花图》有新解啦！"父亲问："什么新解？"小石曾说："桂花，桂花，读起来，不就是'归还，归还'的意思吗？我看您二老要回归军机处啦！"

　　李鸿藻训斥道："黄口小儿，瞎说什么！"奕䜣却高兴地说："童言无忌。那就把这幅'归还图'——《桂花图》也赏予五公子吧！"

　　李石曾拿着太后的赏赐，抱着恭亲王和父亲合作的《桂花图》，回到了北京南城菜市口大街丞相胡同 7 号的家。他的母亲杨氏夫人心疼地抱起儿子亲了又亲，问："今天见太后和皇上，心里没慌张呀？"李石曾答非所问地说："太后的手真凉！"

李鸿藻印

看，李石曾就是这样一个含着金汤匙出生的贵胄公子。

事后京城人们纷纷传说，李鸿藻相爷的公子被慈禧太后认了"干儿子"，从此，李石曾便有了这样一个外号：太子干殿下。后来，李鸿藻逝世，朝廷封其子一品荫生李石曾为钦赐郎中。

如果李石曾按部就班地在晚清的仕途上升迁、进阶，即使做不到封疆大吏，但鲜花着锦、烈火烹油、金玉满堂的生活是绝对少不了的。但他成年以后，却决绝地背叛了自己的家庭，义无反顾地当上了大清王朝的掘墓人。

在谈到自己的父亲时，李石曾说："吾父为清末重臣，乃其时史地及一切一切之环境使然，与其子革命党之我，并非真正矛盾，并且吾父为我新思想之启发者，有两大要点：一、家庭教育中，父之言行'反官僚'时常不知不觉地流露，或无意识潜意识地表现出来。父亲为人忠厚温和，唯对做官者之钻营深恶痛绝，谓为'钻狗洞'，在我不知不觉中受了这种影响，已种下不做官的根苗。二、家塾教育中，为我们兄弟请以新学著名的齐禊亭先生为师，以至导我到革命思想与世界思想的途径。"李石曾感叹道："父亲思想虽新，但做梦也想不到，他的儿子竟会做起革命党来的！"

李文正公乡试朱卷（道光甲辰恩科），李鸿藻撰

1924 年 11 月 5 日，正是他，在紫

禁城里，对着末代皇帝溥仪宣读了《修正清室优待条例》，把幽居偏安、花天酒地的宣统皇帝请出了紫禁城，也剜除了中华民国头上的一颗毒瘤，让紫禁城这座中华文明集大成的伟岸皇城，以及它内中的数十万件宝物奇珍，得以和普通民众见面。

1920年代故宫俯瞰

六岁的时候，李石曾和皇帝面对面吟诗作对，皇室对之恩宠有加；三十八年后，同样是李石曾和另一个皇上面对面，商量着让皇上搬出紫禁城，交出印玺和皇权。历史的画面总有些诡谲和不可思议。又一年后，身为故宫博物院理事长的李石曾，在故宫博物院开幕典礼上发表演讲："从今天开始，这个地方属于全体国民了！"

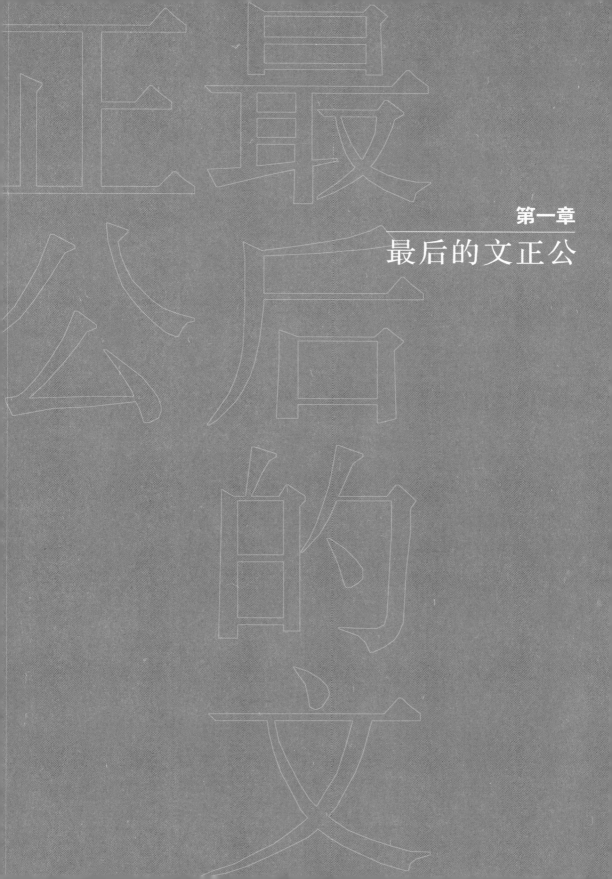

第一章

最后的文正公

秃尾巴阁老

李鸿藻名刺

1881 年 5 月 29 日（农历五月初二）。北京南城菜市口大街丞相胡同 7 号。高墙大院的"高阳李府"内红灯高挂，喜气洋洋。时任军机大臣、兵部尚书李鸿藻的小姜杨氏诞下麟儿。时年李鸿藻六十二岁，杨氏二十六岁。

同值军机的帝师翁同龢一大早就送来了贺礼。李鸿藻的邻居、刑部尚书潘祖荫送来了贺喜帖云："刻得石麟之喜，于门窦桂，操券可期。"

杨氏的娘家在北京通州，端午节快到了，娘家人送来了很多苇叶和江米。杨氏触景生情，对孩子的父亲李相爷李鸿藻说："眼看就过端午节了，这孩子自己带来的名字，就给孩子起名午官吧。"他的姐姐、哥哥的乳名分别叫作莲官、魁官、熊官，而"午官"这名字呢，让小石曾一出生就沾染了少许乡野之气。说也巧了，李石曾排行兄弟辈中的第五，而"午"与"五"正好谐音。从此，"五儿""五少爷""五世叔""五公子"的称呼伴随了李石曾一生。每每听到这样的称呼，李石曾总觉得很受用，因为一听到"五"，他就想起了端午过节时的气氛，就想到自己年轻美丽的母亲。

李鸿藻这个朝中大佬，也不总是一个古板正经的帝师硕儒。譬如，他教导同治皇帝尽心启沃、终日辛劳；他总办皇帝大婚深得慈禧满意，太后一高兴，就要赏李鸿藻戴双眼花翎。但双眼花翎还没戴上，同治皇帝就暴病而亡。李鸿藻戴单眼花翎不是，戴双眼花翎也不是，于是在上朝时穿大礼服，单眼、双眼花翎都不戴。朝中的政敌如军机大臣沈桂芬等人就给他起了一个外号：秃尾巴阁老。慢慢地，李鸿藻的家人也就知晓了这个外号。李石曾三四岁的时候，有一次闹起了急病，全身发烧，父亲非要给他换一身女孩的红花衣服，说是冲喜压惊。小石曾死活不肯，哭哭啼啼地冲爹爹嚷道："秃尾巴阁老，秃尾巴阁老！"在场的奶妈、丫鬟、仆人，甚至他母亲都吓坏了，纷纷跪在地下，听候老爷

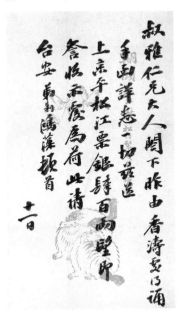

李鸿藻手札

发落。谁知，经过这么一闹腾，小石曾出了一身热汗，反倒退烧了。李相爷非但没有怪罪背后议论他外号的下人，反而哈哈地笑着说："秃尾巴就秃尾巴吧，谁让咱没把皇上侍候好呢。"

小石曾的病好了，母亲撺掇他给父亲赔罪认罚。李鸿藻指着院里一块高架起来的皇宫铺地的"金砖"说："罚你每天进院、出院必须写上几个大仿字，一笔一画，不许偷懒！"随后，他吩咐管家杨彬，每天下朝回来，要向他报告小石曾的日课完成得如何。

自此，小石曾每日临池不辍，日见精进。

李鸿藻家有一位著名的门客乡党，清末大书法家王弼臣，经常来丞相胡同李府做客，也就和小石曾混得厮熟。那王弼臣习颜鲁公书风冠绝一时，经李鸿藻和翁同龢推荐，为紫禁城的太和、昭德、贞度三门书写门额，一时名声大振。李石曾说："我什么时候也能和老哥哥一样，为皇宫写一道匾额呢？"王弼臣说："以五少爷的聪慧，将来必定超我之上。"其时世风崇古，颜真卿书体大行其道。李石曾追随王弼臣，小小年纪便把颜体字写得几可乱真。

李石曾藏颜真卿《刘中使帖》真迹，晚年捐赠给台北故宫博物院

　　有一次，王弼臣一时手头紧，就做伪书，仿写颜体大家钱南园的字帖到琉璃厂去卖，并唆使小石曾也在册页上添了几笔。谁知这个册页恰被吏部尚书李鸿藻和户部尚书翁同龢买了去，二人如获至宝，到了丞相胡同李府，便招来王弼臣，喊上小石曾，一起探究了起来。李鸿藻和翁同龢一致认为，此册页是钱南园真迹无疑，吓得王弼臣和小石曾赶紧跪下认错："二位大人差矣，这幅字乃是小侄们戏作耳！"

　　后来，王弼臣临终时希望他的墓碑由五少爷李石曾题写。而李石曾从小的愿望，是像王弼臣一样在紫禁城大门上题写门匾，也终于在 1925 年实现了。

　　1897 年 7 月，李鸿藻患中风去世。遗折送到皇宫，光绪皇帝流着泪说："守正不阿，忠清亮直，当予谥文正。"翁同龢哽咽说："为朝廷惜正人，为吾党伤直道。"李鸿藻的盟兄弟荣禄抚尸痛哭："四哥！四哥！"然后他问李石曾："中堂大人临终有什么话？"李石曾回答："父亲只是握着我的手说，你要牢记先皇帝咸丰爷第一次见到洋枪时所说的话：真是灵捷之至啊！父亲这意思是要我今后去拿枪杆子吧。"垂首站在一旁的自称李鸿藻小门生的新兵统帅袁世凯说："五少爷放心，不管啥时候，我的练兵处给你们兄弟留着四十两的军官足额饷银，随时恭候你到小站来。"

　　原来，袁世凯小站练兵，

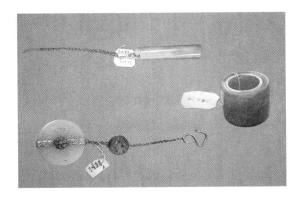

"文革"中李鸿藻墓遭到破坏，金镶玉扳指（右）、翠玉翎管（上）、玉坠（下）等随葬品被挖出

《李鸿藻书札》，西泠印社出版社 2024 年出版

最重要的一封举荐书，就是时任军机大臣、兵部尚书李鸿藻写给慈禧太后的。而时间推回几十年，李鸿藻提督河南学政，取仕时点了袁世凯嗣父袁保庆的举人。对于父亲的座师，袁世凯当然自称"小门生"，并称呼李石曾为"京城少叔"，称他的哥哥李焜瀛为"京城太叔"。日后，袁世凯与李氏兄弟的关系，几十年瓜葛不清，殊为异类。

当然，李鸿藻的葬礼上还决然少不了他的另外一个晚学后辈：张之洞。张之洞送来的挽联中有这样的句子："筹边非才，我愧晋公荐书，九原不可作，苍茫我负大贤知。"原来张之洞的仕途崛起，也正是任吏部尚书的李鸿藻一手提携的结果。

总之，父亲李鸿藻在李石曾青少年时起，就为他缔结、织就了一张别人无从比拟、绝无仅有的师长加朋友的人脉网。这似乎给人一种命中注定的期待，李石曾若不干点惊天动地的大事，都对不起他的出身。更为难得的是，在这些朝中大僚、封疆大吏的身上，李石曾锻炼出了可贵的洞察力和高境界，以及"合纵连横"、随机转圜、为我所用、干天下大事的能力。

李石曾的发小儿

除了有父亲给他营造的一张人脉网，李石曾作为贵胄公子，他还有自己的发小儿和同年龄段的朋友圈。

他的第一个知音，应当是他的三姐李淑莲。这个聪慧透顶的富家千金，偏偏读书写字出奇地受用，十岁时淑莲的颜体字已经相当了得。小石曾曾对王弼臣说，设若三姐生为男子，即便不金殿夺魁，也得弄个三甲出身。但就是这样一个绝顶聪慧的奇女子，不到十三岁就夭折了。那时候，刚刚复出的李鸿藻就任礼部尚书兼武英殿总裁，正在河南郑州督修决口的黄河大堤。不断有不祥的信息传来，一会儿说李大人架不住朝廷一道道圣旨的催办，跳进了黄河；一会儿又说李鸿藻督修无方，被革职查办了。李淑莲带领李石曾和妹妹每天清早就在佛案前点燃一炷香，为父亲祈祷，一跪就是半天。就这样，连病带累，三姐竟在几天的工夫就死去了。四姐李淑槿也随之而去。李石曾看着姐姐的遗体被仆人们抬走了，号哭不止。而这时，从一辆蓝篷布马车里也传出了嘤嘤的哭泣声。李石曾来到马车前，一个清

秀的男孩跳下马车，抱住李石曾，边哭边说："我家的药真不顶用，我家
的药真不顶用啊！"李石曾定睛一看，拥抱他的人是京城同仁堂药铺的少
东家乐均士。这同仁堂乐家与李家是至交，每有新药问世，都会第一时间
来李相爷家送药上门。不料这次碰上了李家女儿的丧事。李石曾擦着眼泪
说："少东家，不怪你家同仁堂药石无效，这不连宫里的李德立太医都请
来了，还是没留住三姐的命……"乐均士说："我长大了，一定非炮制出
几服救人医病的仙丹来不可！"小石曾紧紧握住了乐均士的手，说："人
家西洋人现在都能在人身上开刀啦，心肝脾胃肾有什么毛病，都能拉开肚
皮瞧，哪有毛病就剜去哪块肉。"乐均士说："那咱一定要去外国，学学
人家的医术啊！"

自此以后，乐均士成了李石曾最要好的玩伴儿。

两人一个是官家子弟，一个是商家公子，很有几件趣事流传下来。最
有名的故事，就是李少爷和乐公子大战贝勒爷。

传闻当朝亲王有一子，少年顽劣，骄纵有加。有一次，这个贝勒爷从
王府坐轿而出，由于街道狭窄，大轿转道不顺，一下子把一个来不及躲避
的行人给撞倒了。冲撞了贝勒爷的大轿子，这还了得，亲兵们上前把那个
行人扭将起来，就要上手。就在这时，李石曾和乐均士，以及塾师齐禊亭
齐家二爷齐如山正好路过此处，路见不平，将几个亲兵拦住，并放走了那
个行人。于是，双方口角起来。李少爷、乐公子、齐二爷正值盛年，拳脚
利索，并且齐二爷自幼深谙八卦拳法，武功在身，他手把手教授的李少爷
也好生了得。小哥儿仨把几个亲兵痛打一顿，最后，干脆把贝勒爷的大轿
也掀翻了，连轿带人都给推到了旁边的水沟里。

李少爷、乐公子、齐二爷均不识轿子里的贝勒爷，这可惹了大祸！贝
勒爷的人马把李少爷告到了府衙。府衙按旨行事，前去捕人。衙役到了地

方一看，竟是李鸿藻相爷府上，人没敢捕，便把官司推到了刑部。刑部也
不敢管，双方僵持。李鸿藻知自己的儿子行事正义，暗加支持，于是双方
的角力越发地复杂起来。一边是帝师之子，一边是王爷贝勒；一方顽劣鲁莽，
一方情有可原。最后官司打到了慈禧太后面前，慈禧太后也犯难，明明是
贝勒无理取闹，偏偏又遇上李相国的公子侠肝义胆。慈禧太后心里清楚，
贝勒是一个无能的废物，而李大人是翰林出身的帝师，其子李石曾更是满
身正气、不惧权贵。眼下皇帝的功课正到了最紧要的时候，李师傅的教诲
与表率作用不可缺。于是，慈禧太后少有地恩准不治李少爷的罪，传旨顺
天府把贝勒爷和李少爷各自训斥一顿，并嘱亲王和李相国各自严加看管为
好。

　　一场痛殴贝勒爷的大案，竟因李鸿藻的帝师身份而免除责罚，由此可

李石曾（后排右）与同仁堂乐家人在法国，1920 年代摄

见李鸿藻的地位和人望是多么的与众不同！

乐家有钱，李家有人脉，两人搭帮，很是做成了几件名震京城的大事。李石曾成年后，办留法俭学会，招兵买马。乐均士把自家的孩子乐夔、乐洪滋、乐孚、乐让一股脑儿给李石曾送来，让他们跟随李石曾去法国学医；还捐了一大笔钱，资助李石曾的留法大业。可以说，李石曾的留法勤工俭学，第一桶金就是乐家捐献奉送的。李石曾后来在西山办农场，养马养鹿，养飞禽走兽，都是给同仁堂乐家药铺生产药材，特别是鹿茸。李石曾跟着京师大学堂的校办常伯奇学英文，乐均士就跟李石曾说："你先问问常先生，洋文里'大黄''当归'怎么写？咱们也好中学为体、西学为用啊！"就这样，李石曾学英文，第一个单词竟是一味中药名：大黄。就连北京城前门大街上路灯的灯油，都是李石曾通过父亲那些当官的门生，譬如张佩纶、王懿荣、杨士骧等联系乐均士家捐的。

20 世纪初，在北京城的昏黄路灯下，经常可以看到几个少年，手持长杆，在为昏黄的老式路灯添油。那多半就是李石曾和乐均士，有时还有李石曾约来的齐家的齐竺山和齐如山哥儿俩，他俩都是大清同文馆的学生。他们熟练地添着灯油，诉说、筹划着一件又一件的人生抱负、青春理想和经国大计。李石曾有一天说："今天，禊师（齐禊亭）给我读报，说到了一个人的名字，这个人叫孙文，他是岭南广东人氏，现在美国、日本纠集了一大批追随者，要推翻皇上呢！"齐如山说："那就是又一个乱党康有为出现了。"李石曾说："不，这个孙文比康有为厉害得多！他不光募捐筹饷，买枪买炮，他还是乐公子的同行呢。"几个小伙伴不无惊异地感叹："他也是一个医生啊！"李石曾说："对，会开刀的中国医生。"

就这样，李石曾和他的发小儿们，有时在前门大街添灯油，有时去李石曾的"盟叔"荣禄掌管的旗兵神机营射箭骑马。那时候，李石曾还不曾食素，最爱吃的菜码是东来顺饭庄的涮羊肉。他跟齐家哥儿俩、乐均士、乡党王弼臣、王画初经常相聚于东来顺饭庄，曾创造过一次吃五盘羊肉的纪录。可到后来，李石曾成为以"不食肉"为主要旨义的进德会的发起人，进而又成为世界素食组织的领袖，可见其内心的强大。

有一次吃完涮羊肉，小哥儿几个在京城第一家丰泰照相馆合了一张影，掌镜人也是李石曾的发小儿任景泰。后来李石曾把这张珍贵的合影带到了台湾，可惜的是，在他去世后因房子失火，这张照片随之灰飞烟灭。

从那次合影以后，李石曾对摄影产生了浓厚兴趣。策动留法勤工俭学，他推荐了大批中国青年到法国学习照相和摄影。而他的巴黎中国豆腐公司也聘请了世界电影发明人卢米埃尔兄弟去拍摄新闻电影短片，花费法郎不菲。

李石曾、乐均士，特别是齐如山齐二爷，是有名的戏迷，几个人正追京剧名角儿杨小楼、筱翠花。忽一日，齐如山说："今天我请客，请大家

1911 年，李石曾（中）、齐竺山（左）、李广安（右）出现在法国卢米埃尔兄弟拍摄的新闻电影中

看四九城新冒出来的'活赵云'尚和玉尚老道。"

几个人看过尚和玉的戏还不满足，纷纷对尚和玉从三张摞起的桌子上翻下来的绝技"云里翻"赞不绝口，散戏后便到后台找到尚和玉，要跟他学武术。尚和玉也不客气，和几个捧戏子的少爷公子哥儿成了好朋友，以后的日子分别教了小哥儿几个一手绝技。李石曾学的太极拳颇有几分神似，齐如山的"飞脚"打得又高又飘。

当然，几个小伙伴最著名的共同事业就是后来留法俭学会的建立。一百多人在他们几个发小儿倾力建起来的俭学会组织下，1912 年分三批赴法国留学，这在当时的中国是一件开天辟地的大事。教育救国，科技救国，实业救国，在几个发小儿的鼎力实践下，走出了蹒跚一步。何鲁、朱广相、乐家兄弟、汪申、李骏、李宗侗、徐湖帆、李书华、李麟玉、王子方……简直就是后来中国科技、教育、数学、物理、化学、医学、农学、建筑等多个领域一代扛把子的开山鼻祖。

不得不说的李石曾的另一个发小儿，声名后来比李石曾还要响亮，这就是李叔同，后来的弘一法师。

李石曾的舅爷爷叫姚承丰，是天津有名的大盐商。姚承丰中过进士，当过安徽徽州知府。他不仅是父亲李鸿藻的舅舅，还是他的开蒙老师。李石曾叫他"十舅爷"。十舅爷家的姚斛泉表叔，后来成了李石曾的岳父。在李石曾的少儿时代，姚斛泉在天津鼓楼东大街的大宅门和他在北京的公馆，都是李石曾常常居住的地方，是他的另一个家。在这个家里，他不光和自己后来的妻子兼表姐姚同宜混得厮熟，还和他另一个出嫁的表姐关系很好。这个表姐嫁给天津另一个大盐商李筱楼的儿子李仲熙（桐冈）。而李仲熙有一个自幼跟随他长大的同父异母弟弟，与他年纪相差二十多岁，这个弟弟名字叫李叔同。李叔同和嫂子的关系正应了一句老话：老嫂比母。所以，李叔同经常陪同长嫂回娘家省亲。他和李石曾、姚品侯、姚召臣等表兄弟以及侄儿姚启进组成了一个家塾班。姚斛泉表叔为这个家塾班聘请的第一个座师，就是津门"四大书法家"之一的赵元礼。常来走动、教书的还有严修和华世奎等国学大家。不消说，李石曾和李叔同也是这一班公子少爷中"孩子头儿"类的人物。

李石曾和李叔同天然的亲近，在于他们俩的出身。这李石曾是小妾所生，那李叔同也是侧室娩出。李石曾的父亲李鸿藻虽号称清廉，却是一个死硬老古板，连他出公差在外写给家里的书信也是少奶奶的称呼在先，姨奶奶的称谓在后。而李叔同的名字，据说最早就是父亲所命名的"李庶同"，意思近乎直白，庶出与嫡出的孩子一视同仁——这称呼本身其实已包含了轻视。李石曾自幼跟嫂子齐夫人出入游玩，称嫂子为"哥哥"，李叔同也是跟嫂子长大的。相同的出身，一样的际遇，当然让小石曾和李叔同同病相怜，格外亲近，并且，他们的母亲都是二十多岁的时候为六十多岁的老头子生了孩子，出身遭际更是相仿，两个母亲只要见面，便有说不完的知心话。这也极大地促进了李石曾和李叔同的友谊和莫逆情感。

1897 年，李石曾、李叔同几乎是同月结婚。李石曾成亲，李叔同是当仁不让的伴郎；李叔同成亲，李石曾更是不离左右。应当说，李石曾的文艺才能，李叔同的诸艺皆精，都得益于他们之间童年的友谊和互相欣赏。李叔同擅长作诗，十几岁时他就为李石曾写出了"人生犹似西山日，富贵终如瓦上霜"的诗句，而李石曾赠给李叔同的扇面书法，写的则是"温凉天气二八月，道义宾朋三五人"。

李叔同和李石曾跟前，还有一个"小跑差"，这就是李石曾的内外甥、李叔同的亲侄子李麟玉。这位后来做到了中法大学校长的著名化学家，仅比姨父和叔父小几岁，自小跟随姨父和叔父玩耍、习字。他们一起玩过和尚念经、做法事，一起当过祭孔仪式里的童子，一起参谋李叔同和女伶杨翠喜的约会。后来，杨翠喜被军阀段芝贵送给了皇亲载泽，李石曾和李麟玉还曾想找载泽讨要一番呢。

1902 年 8 月，李石曾乘船赴法留学，在上海停留，就住在李叔同的家里。李叔同介绍李石曾认识了他未来人生路上最重要的事业伙伴和知己吴稚晖、蔡元培。彼时，李叔同正在上海南洋公学求学，而南洋公学里最著名的老师就是蔡、吴二位，而蔡、吴二位老师最看重的学生里，自然会有绝顶聪慧的李叔同。

临赴法国前，李叔同带着李石曾来到一家洋人开的理发馆，他亲自操刀，为李石曾剪去在脑后拖了二十年的发辫。李叔同说："此去一别，不知何时再见。"李石曾回答："再相会时，愿为新国度里的新国民。"

后世研究者说，李叔同与另一好友许幻园的一次离别直接促成了千古一唱的《送别》，但我更愿意相信，李叔同这首融现代与古典艺术旨趣于一炉的绝唱《送别》，早在与李石曾切磋词艺曲调、琢磨人生离愁别恨时，就已悄悄萌芽。后来，李石曾每与李叔同通信，都会讨论音乐与戏剧的问题。

20 世纪初，李石曾从法国寄给夫人姚同宜的明信片，"北京干面胡同"为其住址

李石曾太太姚同宜的第一架钢琴，正是通过李叔同租买。李太太的第一个音乐家庭教师，当仁不让地由李叔同充任。其时，李叔同每到北京，就借住在他们的"小跑差"李麟玉的房子里。现在，那所房子冠以"李叔同故居"，被弘一法师的弟子们捧得很高。他们不知道，离此不远的李石曾住所——丞相胡同、干面胡同，是李叔同逗留更为长久的地方。姚同宜太太的客厅，曾无数次地响起《送别》凄清迷离的旋律……甚是可惜，世人皆知李叔同，几无人论李石曾。其实，论那个时代的艺术精神，李叔同和李石曾是两根高耸兀立突出的标杆。

不几年，李叔同赴日留学，创建中国话剧史上第一个剧团"春柳社"。那时李石曾正在法国热衷于翻译话剧剧本，《鸣不平》《夜未央》等西方戏剧的第一拨译稿都是寄给李叔同，由他在日本排演，那正是中国戏剧的里程碑事件。

李叔同——弘一法师，作为李石曾的贴心发小儿，给了李石曾生命与性格里最具文艺范儿的一面。

李石曾的发小儿还有很多，他们大多是中国近现代历史上赫赫有名之辈。除乐均士、李叔同、齐如山以外，严伯陵的儿子严伯玉，张之洞的女婿水均韶，民国元老王法勤，大书法家王弼臣，族侄李子久，老师齐禊亭的族侄、后来成为他维

1907 年，春柳社在日本东京演出《茶花女》，李叔同（左）饰演茶花女

段子均（前排左）与夫人（前排右）及子女在北京家中，1980 年代摄

新密友的齐文郎……当然更多是那些昙花一现，并未在历史上留下显赫声名的普通人。他们辅佐李石曾开创了一个又一个荦荦大端的社会公益事业，做下了一桩桩惊天大事，却来不及在史册上留下一笔自己的签名。譬如，李石曾的发小儿齐云青，一生追随李石曾，担任过中国农工银行的总经理、世界书局的董事。他与李石曾相识在家乡高阳，揖别在海角天涯的乌拉圭。譬如，他的发小儿段子均（齐如山表弟），可以说是李石曾"但做大事，不做大官"人生观的最忠实实践者。段子均在北京试验过谋刺袁世凯、良弼的炸弹，当过北平大学庶务，直接安排过毛泽东、蔡和森工作，后来又和李石曾第一次登上飞机向曹锟部队扔炸弹。这等的热血男儿，终隐于尘世，过完清冷的后半生。

李石曾的"闺密"

如果李石曾仅仅拥有几个有名的发小儿也还罢了，他还偏偏有几位上得了厅堂、下得了厨房的"闺密"，这让小石曾从小对女界刮目相看，以至于后来，李石曾创办一系列公益事业，特别注重妇女的地位和作用。

李石曾的"闺密"，首推他的大嫂齐夫人。这个齐夫人是和李石曾同父异母的大哥李兆瀛的妻子。有意思的是，李石曾管这位大嫂叫"哥哥"，由此可见这位女士给李石曾的性格长成带来的影响。大哥兆瀛和其母亲同患传染病白喉去世，给了李鸿藻的家庭以巨大打击。李鸿藻那时正处在辅佐同治皇帝的关键时期，对自己丧妻丧子很无奈，对自己的生活也很不在意。倒是他的儿媳齐氏急得不得了，她当面对公爹说："相爷，你不光是朝廷的大臣，你还是李家的顶梁柱。你不能这样糊涂下去，你得给李家留下后代根苗！"

齐大嫂说到做到，一手操办。她的侍女杨绍吉年方十八，生得俊俏健壮，被她相中。遗憾的是，这个杨氏少女在老家通州已经订了婚。少不得劳费齐大嫂亲自出面，花费口舌和银两安排退婚。当年此事被不少朝中政敌讥讽、诋毁，一百多年后还有一本有关清代宰相轶事的书，言称李鸿藻逼婚毁婚。但杨绍吉大姑娘一切遵从齐夫人安排，欣然做了李鸿藻相爷的小妾，并"颇得文正公欢"。最争气的是她的肚子，收房第二年，杨绍吉就为李鸿藻添了个丫头淑莲，第三年就生了排行第四的少爷李焜瀛（李符曾）（前三子均早逝），甚至在李相爷六十多岁上，又生了五子李煜瀛（石曾）。

而这位齐家大嫂，更是女中豪杰。她实际是李鸿藻家中的大当家，说话办事颇有女侠之风。她不但出头露面张罗自己的公爹纳妾生子，更为自己的小叔小姑的亲事广结姻亲。她的小姑淑宜，由她做主嫁给了山西寿阳相国祁儁藻的孙子祁友慎。四小叔李焜瀛娶了南皮县状元文达公张之万的嫡孙女张崇符，而做媒的就是张之万的族弟、南皮探花文襄公张之洞。五小叔李石曾则娶了天津盐商八大家之一的姚斛泉之女姚同宜。

这位齐夫人还爱好旅游探险，一生乐此不疲。她实际上缔结了一个女子旅游团，间隔几日，齐夫人便动员大家拿出自己的体己钱，雇上一辆那个时代颇为时髦的大鞍车，带着一群小姐太太公子少爷出城游玩。这里有必要提到，这一干人马曾经探险去过的几个地方：一个是北京南部的房山周口店地区，一个是西山显龙山温泉村、碧云寺一带。日后，这几个地方都成为李石曾乡村改造事业和文化工作的重心。

在西山碧云寺的一次游玩中，笃信佛教的齐夫人出手阔绰，捐出了大笔香火钱。小和尚请出了寺内方丈聚林法师和齐夫人一家相见。精灵聪明的小石曾与聚林法师非常有缘，围着聚林法师的僧袍兜兜转转。聚林法师说："这个小公子与老衲颇有佛缘啊！来，待老衲给少爷编一个'平安辫'吧。"李石曾也挺听话，安安静静地转过头，让聚林法师编起辫子来。

自此，碧云寺成为李石曾生活旅途中的一个重要驿站，每当他开始自己事业的新项目时，总要来碧云寺蛰伏几天，听听法号禅音，过滤世俗尘嚣。1925 年 1 月孙中山病逝北京，李石曾和他的战友们就把先总理的遗体安放于此。

因童年时脑袋后头拖着一条"平安辫"，李石曾更被自己的大嫂戏称为"五丫头"，他也真正像贵公子贾宝玉一样，少年时在嫂子、姐妹们的闺房里厮混。大嫂，三姐、四姐，表姐们，都成了李石曾的特殊"闺密"。而这些特殊"闺密"中最对他心气的，便是他后来的太太姚同宜，这个比自己大一岁的嫡亲表姐。

姚同宜是李石曾的表叔姚斛泉的小女儿。这个姚斛泉可算是李鸿藻家的另一个家庭成员，因为李鸿藻与舅舅家的特殊关系，姚斛泉参与了李家许多大事的决策和谋划。譬如，李鸿藻的孩子们都没有参加科举考试，而是像居家私塾一样开蒙进阶。对于他们的仕进之路，姚斛泉对表哥李鸿藻说："何必同读书人争那华山一条路，大不了可以荫生做官，做不成官还可以跟着我做个盐公柜的差事。世道变了，商可敌国，亦可救国呢！那胡雪岩、盛杏荪不都是以商几可翻覆枢廷吗？"

李石曾跟自己未来的岳父、岳母曾有过一次有名的对话。

有一年过春节，李石曾跟随父亲前去天津给舅太爷拜年。在天津鼓楼姚府的玻璃厅里，李石曾听不惯大人们的子曰诗云，便约了表兄姚品侯、表侄姚启进，还有一同来二嫂娘家拜年的发小儿李叔同，外加他的侄子李麟玉，一起去舅太爷的花园里赏鹤。这天津姚府有一处特殊的所在，就是仙鹤寮房。大盐商姚家豢养仙鹤的故事曾经是天津卫的一个美丽传奇，青堂瓦舍、雪浪花石深处竟饲养着两只体态高大、形貌绮丽的仙鹤。鹤寮旁有一座雨香亭，曾是李石曾的父亲李鸿藻读书的地方。那天，李石曾等人在鹤寮外刚刚站定，就听见了几声凄厉的哭喊声自后院传来。

那是一个姑娘无奈而绝望的哭声。

李石曾说道："仙鹤墨尾绿背，秀洁可爱，唯鸣叫的声音悍直可怖，殊不欲闻。不料这院子里还有比鹤鸣更惨的声音！"

表兄姚品侯说："这是母亲在为妹妹裹脚。"

李叔同、李麟玉、姚启进等一干小伙伴纷纷撺掇李石曾，嚷嚷着："五少爷，你是个维新派，还不快去解救仙鹤一般的姐姐！"

李石曾每年都要见几次他这个隔辈表姐姚同宜，她比他大一岁，正是豆蔻年华，含苞欲放。姚表姐生得高高大大，健壮丰满。李石曾此刻听闻表姐仙鹤鸣叫一般的啼哭，再也忍不住了，他一路小跑，直奔表姐的闺阁，正见他的表婶苏夫人满脸泪痕又满脸怒气地训斥姚同宜："再敢私自扯下裹脚布试试！我看你都要变成老姑娘了！你看看你的脚，有一点大家闺秀的样儿吗？"

姚同宜发疯一般撕扯着她的母亲刚刚给她裹就的青色布条，嘴里发出"嘎嘎"的叫声，分不清是哭声还是喊声，与院子里的仙鹤叫声形成了共鸣。

李石曾一步闯了进来。他闯进的是表姐的闺房！苏夫人和姚表姐都惊呆了，姚表姐甚至来不及把自己一双光洁的脚遮盖起来。

苏夫人和姚表姐都把嗔怨的目光投向了李石曾。

"午官，这是你表姐的闺房。我正在给她裹脚，这是见不得人的女儿私事，你怎么闯进来了？！"苏夫人大声嚷着。

"我刚才站在鹤房那儿听仙鹤叫得挺欢实的，随后听见了表姐仙鹤一般的哭声。表姐，你是想和仙鹤比比谁的声音更好听吗？"李石曾皮笑肉不笑，故作轻松地说道。

苏夫人说："你看你这个表姐，死犟死犟的，裹了扯下来，裹了扯下来。

把一双脚弄得跟桃木橛子似的，这将来怎么嫁人，谁家的公子敢娶她！"

小石曾不知从哪儿来的怜香惜玉的劲头，他异常清晰地对表婶和表姐喊道："我娶！"

小石曾说："等我将来迎娶表姐吧。表婶，只要你不再给她裹脚，我不怕她的桃木橛子脚，我不喜欢听她的仙鹤般的哭叫声！"

表婶苏夫人、表姐姚同宜都被石曾小大人般的认真劲儿逗笑了。随后赶来的姚斛泉表叔也被逗笑了，他搂着小石曾的肩膀说："君子一言啊！你将来真得娶你这位大脚表姐啦！"

小石曾说："驷马难追！我还非这位姚大脚表姐不娶了！"

表姐姚同宜臊红了脸，站起来跑到别的屋去了。她身后是一阵仙鹤般咯咯咯的声音，但听起来似乎笑的成分多了起来。

从此后，李石曾背地里就对表姐姚同宜有了一个爱称：仙鹤姐姐。

"仙鹤姐姐"的称呼，一直到老，一直到死，李石曾都这样笃定又充满爱意地称呼自己的妻子。

光绪二十三年（1897 年）4 月，十七岁的李石曾与表姐姚同宜结婚了。当时正值李、姚两家的鼎盛时期。大婚前，李家派出两艘大船去天津迎亲，一艘官船先将全副妆奁、衣服、家具以及工匠、轿夫等运到北京，第二天新人和眷属、陪房丫鬟、婆子、跟班等人乘第二艘官船进京，浩浩荡荡，轰动一时。

这个表姐做了自己的妻子后，大胆泼辣的性格有增无减。义和团闹起来，影响到了北京城，李石曾三姐的奶妈从乡下回来，叫家里的女眷习练"红灯照"，每天向北磕头烧香。仆人都跟着这个奶妈做起了法事，把个李府闹得乌烟瘴气。婆婆和大嫂都有些压不住阵脚，小少奶奶姚同宜挺身而出，

李石曾原配夫人姚同宜，约 1928 年摄

把正在磕头如捣蒜的奶妈一把拎起来，用鹤鸣般的声音吼道："从哪儿学来这些个阴曹地府的怪力乱神，给我从李家滚出去！"连轰带赶把奶妈辞了工。

大嫂齐夫人责怪弟媳姚夫人做事忒急，说奶妈不仅当年奶水旺，于李家有功，她还做得一手味道顶尖的老北京炸酱面，那是五公子李石曾的最爱。姚夫人接话道："公子小姐们早就不吃奶了，留着她光学些个虚招怪事。她的炸酱面我来做，我不信比她做的味道差。在天津，我的海味炸酱面是姚府的一大美味呢！"

从此，丞相胡同李府的主人们每到生日，都会享受到姚同宜亲自下厨做的京津风味齐聚的炸酱面。此味道令李石曾一辈子都回味无穷。后来，李石曾在法国巴黎开了第一家中国餐馆"中华饭店"，大厨是光绪皇帝的御厨高二庵，都得向姚夫人请教海味炸酱面的烹制秘籍。

李石曾的母亲杨夫人晚年得了怪病，大概是今天的美尼尔氏综合征，头总是不由自主地晃荡。姚夫人给自己的婆婆起了一个绰号：摇头老祖。每每有一起出去游逛、听戏的场面，她总会这样开玩笑："不必去问娘同意不同意，她是一个摇头老祖，心里明明想去，头也是摇来摇去

1966 年，李石曾题写的姚同宜墓碑

的！"

　　北京南城丞相胡同 7 号，这个拥有一百多间房子的大家族，是一个和谐美满、其乐融融的所在。李石曾一生珍视家庭，钟爱父母姐妹妻子同胞。他的家庭是中国几千年历史文化的一个缩影。家，给了他一个温馨的港湾，是一个勇敢前行者的驿站，用他自己的话说就是：天下之本在家。

1921 年，李石曾的母亲（右）与孙女李亚梅

李石曾（左）与夫人姚同宜（中）、女儿李亚梅（右），1920 年代摄

1934 年，由李石曾拍摄的夫人姚同宜（中）与儿子、女儿两家人在西山小南园

北方村庄里的"朴"与"实"

李石曾生在北京，祖籍高阳。两地相距三百里。

李石曾生命意识的养成，人格魅力的基因，与他的家乡关系甚大。台湾出版的《李煜瀛先生年谱》记载，1897 年，李石曾在他父亲去世后随灵柩第一次回到故里高阳。但记录文字简单，显得有些仓促。李石曾这次回乡葬父，足足在家乡守孝一百余天，而在之前提到李石曾在其老师家小住。可见年谱中对李石曾第一次回老家的描述，也甚为可疑。

在高阳老家的日子，正是李石曾引以为傲的性格成熟的重要节点。他不仅在县城老宅里陪伴父亲的灵柩，完成了三七二十一天的漫长开吊丧仪，还在李鸿章、张之洞、王筱航的挽联挽幛前品咂、玩味了多天。许多挽联他背得滚瓜烂熟，尤其是李鸿章亲笔书写的那副，他一生更是熟稔无比，同时也成了他晋见李鸿章的一块敲门砖、一份见面礼。挽联是这样写的：

> 共济溯同舟，直谅多闻，此后更谁能益我；
>
> 中流凭砥柱，公忠体国，当今何可少斯人。

　　这一年，李石曾十七岁。

　　就在前年，父亲先后把他的族叔李葆宸、太史华金寿、廪贡生都辞了馆，专门从西城文小南宅为李石曾请来了新学高士、同乡进士齐禊亭（字令辰）为座馆之主，并聘请京师大学堂总教习严伯陵身边的英文校办常伯奇，专教李公子英文。这绝不是父亲晚年的偶意为之，而是他目光深远，明察秋毫。

　　那一年李石曾十四岁，在拜齐禊亭为师之后不久，跟随老师回了一趟故里高阳。同行的有老师的三个儿子：竺山、如山、寿山。

　　在高阳县城东街，李石曾拜谒了曾祖父李殿图的牌位，结识了李家的很多族亲，这都是他的开蒙老师李葆宸带着他一家一家串门拜望。一班李家小伙伴，诸如后来的民国实业家、族叔葆宸的儿子李叔良，县城濡上书院的学生李子久、王法勤，都成为日后中国现代史各个领域中的名人，按照一些民国史研究专家的话说，"他们都是在民国政府里打李石曾旗号的人"。

　　李石曾跟着老师齐禊亭到了高阳的偏远乡村庞家佐村，在那里，他见识了真正的农村生活。他每天和老师的儿子齐竺山、齐如山、齐寿山哥儿仨，表弟段子均、族侄齐云卿、辛冯庄村表弟李广安等一班族亲好友在一块儿玩耍、游戏，李石曾感受到了北京城里少有的快乐。

　　有一次，李石曾看他们哥儿几个玩一种"摔棍"游戏，

1900 年前后，李石曾（最后排右一）与英文老师（第二排左四）及同学在一起

游戏规则就是大家把手里各自准备好的一截木棍（算作筹码，可以定义为一百大子儿，亦可定义为一两银子）在墙上用力一摔，木棍落点远者为赢家，其他人要把手里的木棍作为筹码输给赢家。先是齐如山的族侄齐云卿小大人儿似的，趔趄着双脚，腮帮子鼓着，手持一截木棍用力在墙上摔出，木棍落在了北墙根。这已是院子里最远的落点了，齐云卿叫嚷着："我赢了，我赢了！快把你们的银子（木棍）都给我！"齐如山说："别忙，看我大力士再摔一把，万一我摔得比你远一些呢？"说完，齐如山使出吃奶的劲儿把手中的木棍摔了出去。说来凑巧，本来齐云卿摔出的木棍已经到了墙根底下，没法再远了，但齐如山摔出的木棍却蹦了个高，落在了房子的窗户台上，这样比齐云卿摔得就更远了一些。齐如山喜出望外地说："你们的银子都得归我啦！"这时候，李石曾站出来说："还有我呢！我再摔一下，没准儿我也摔到窗户台上去，比二爷摔得还远点呢！"李石曾不待众人同意，用尽平生力气把手中的木棍摔了出去，只见那截木棍翻腾跳跃，

齐如山（1875—1962）

李石曾（左）与齐如山，1955 年在台北参加文化活动

一路迤逦，竟兀自地钻进了打开一道门缝的堂屋中！几个伙伴似有一刹那的恍惚：怎么李少爷连玩个游戏玩意儿，还与他们如此这般的不同？简直是逆天了！

齐云卿出了一道算术题，令李石曾好奇不已。这道题是几句顺口溜："百尺高竿十丈长，上拴绳子下拴羊，麦苗吃了三亩六，问问绳子有多长。"

李石曾问："这样的算法你还会多少？"

齐云卿说："还有很多，都是六爷爷令辰公教我的，比方说，一群老头儿去赶集，一下买了一堆梨。一人一个多一个，一人两梨少两梨。"

李石曾当下说："云卿，你将来可以给我当账房先生。"

齐云卿说："五爷说话要算数啊！"

当然，李石曾也给闭塞的乡村带来了许多新鲜的话题。譬如，每天早晨，李石曾取了精盐去漱口，竟从随身口袋里变出了一柄牙刷。小哥儿们纷纷上前观看，纳罕不已。小石曾说："这是法国新出产的牙刷，是同文馆的刘参赞送给我的稀罕物件呢！晚上点的洋蜡，是严伯陵大人送我的。在京城，我家里还有袁世凯袁大人送的德国大蓝牌自行车呢！"

尽管小石曾在小伙伴们面前吹牛吹得天花乱坠，但一个场面却让他丢尽了面子。原来，老家高阳乡下的厕所都是卫生条件极差的"连茅圈"——厕所和养猪的猪圈是连在一起的，前边人如厕，后面猪吃屎。小石曾哪里见过这个场面，在他蹲坑时，竟有一个黑乎乎的猪头伸了过来争食。大概是主家招待五公子李石曾的饭食油水大，没等主人出恭完毕，这头猪便寻味上前，并且哼哼有声，急促之间，好悬没把小石曾的屁股啃下一块肉来，吓得李石曾咆哮一声，连裤子都来不及提，就从厕所里连滚带爬奔了出来，小脸煞白。齐如山哥儿俩、段子均、齐云卿等人闻声跑出屋，李公子的狼狈相立刻让他们笑弯了腰。

"李老五拉屎——猪头到也。"从此，高阳特有的一句俗语便流传开来。

李公子特殊的如厕经历，影响了他的一生。后来，他在北京西山推广农村新生活实验，第一条就是改造农村厕所，开展厕所革命。他派法国建筑学院高才生，故宫博物院、孙禹行陵园的设计者汪申伯、段其光专门设计了北方农村厕所改造方案，在西山温泉、北安河、显龙山一带农村推广。农民们不买他的账，他放言说："谁家改造茅厕，现补大洋一元！"农民们都说，"李石曾李老五钱真多，买屎都花大洋！"

高阳至今尚有许多有关李石曾的歇后语在民间流传，譬如：李老五的洋火——没头儿；李老五的花花纸儿（钞票）——没数儿；李老五的豆腐——白费（肺）。第三句歇后语的意思，一说是李石曾做的豆腐跟猪内脏里的白色肺泡一样；一说是李石曾做豆腐赚了数不清的钱，但都被他捐出去资助穷学生了，乡下人认为这等于白费钱，意思就是把钱糟践了。

这位先生不寻常

李石曾的老师很多，最早是他的族叔葆宸，教他识字号、念八股。后来是王弼臣教他书法，常伯奇教他英文。他十四岁那年，一位京城有名的塾师，原先从教于名流文廷式家中的先生被李鸿藻请了来，做了李石曾的家庭老师。父亲对小石曾说："这位齐先生，是保定莲池书院的高才生，武汉张廉卿（裕钊）的高徒，是有些真本事的。"

这位齐先生号令辰，字禊亭。他高大的身板和浓黑的胡须，使得小石曾在他面前显得瘦小而单薄。管家杨彬领着他走进了西书房，小石曾还是按照原来家塾教书先生的那一套，准备了跪垫和戒尺，还把自己背得滚瓜烂熟的一套经书放在先生面前，以备先生查问。

但齐禊亭看都没看小石曾准备的这些东西，他一屁股坐在教习专坐的宽大方凳上，顺手指着一个学生坐的凳子说："五少爷，如今时兴新学了，不必再磕头拜我这先生。咱们今天就书归正传，看我能教你点什么新学问。"

齐禊亭说着从腰间解下一个烟荷包。他抖着荷包，把一些灰白色的面

为教育子女，齐襗亭亲著《三字经简注》，书名由董作宾题写

粉状东西倒在了书桌上，问小石曾："五少爷，可认得此物？"

小石曾上前看了又看，不知是何物。他用手捻了一点，凑近闻了闻，似也不是鼻烟的味道。他诧异地问："先生，这是什么值钱的东西，莫非洋人整出来的稀罕物件？"

"聪明。"齐襗亭接着李石曾的话茬说，"这叫三门土，也叫士敏土，自然是洋人手里鼓捣出来的罕见之物。五少爷可知前几年，令尊大人督修黄河大堤的事情吗？"

小石曾答："知道。光绪十三年八月，河南普降大雨，黄河在郑州决口。父亲当钦差，任河道总督，亲自在黄河一线指挥，用了一年多时间，千辛万苦总算把黄河决口堵住了。打从郑州回来，父亲的身体就很差了，一天不如一天。母亲说，父亲的身体都是叫这场旷代大役累坏的，生生煎熬的啊！"

"那五少爷你知道，李相爷最后是用什么法子，才把黄河决口堵住的吗？"

小石曾答："学生年幼，不知。"

齐襗亭说道："令尊大人到了郑州，发现当地的水灾情形，用令尊大人的话说，那可真是骇人啊！那次水灾，河南、安徽、江苏三省二三十州县全部被洪水吞噬，淹死了一百万人。五少爷，你的老太爷为了堵住洪水，费了九牛二虎之力，一年的时间，功败垂成。为什么？没有大料啊！"

小石曾问："什么是大料？"

齐裸亭回答："大料就是用高粱秆秫秸捆扎好的土方石方啊。你看李相爷的手札记述，一年的时间，为了堵住黄河决口，他们把郑州方圆几百里人家的秫秸都征用殆尽。但也不济事，新打出来的导流渠几天就给大水冲毁了。你老爷子急病了。皇上和太后严谴，撤职查办，戴罪筑堤。李合肥（即李鸿章）帮忙从汇丰银行贷来七厘息的款子，最重要的是，潘祖荫大人建议，让相爷用洋人出产的三门土筑堤，这才把决口的黄河大堤堵上了。哎，这就是李相爷当年第一次在中国大规模使用的三门土啊！"

李石曾把老师烟荷包里的三门土倒在手心里摩挲着，深有感触地说："洋人的好东西真是多得很啊！咱们中国有白灰、青灰，但都比不上人家的这个'洋灰'。"

至此，三门土的名字逐渐被"洋灰"取代了。

应该说，李石曾还为许多洋物件、洋人起过名字，譬如：弹簧，李石曾音译为"司不令"。还有李石曾为之取中文名的法国物理学家郎之万，让那个年代的国人知晓了现代科学的魅力和科学家的能力。而日后北京西山著名的文化沙龙里，李石曾为法国古生物学家德日进取了中国名字，并建议他到房山周口店一带考察——那是李石曾少年时曾跟随嫂夫人齐氏多次游玩的地方。在此地，他听过许多古代传说，见过许多古墓葬。此后不久，在周口店发现头盖骨，由德日进鉴定并确认为"北京猿人"。

李石曾晚年说，他一生为中法文化交流所做的这一切，都与他称为"裸师"的齐裸亭的这堂"三门土"课有关。

李石曾跟随齐裸亭先生读书，不是传统的私塾式教育，而是被李石曾称为新式"沙龙"的教育方法，讲课内容"除经史之外，兼及国际形势"，极重西学。他常常回忆起上课时的情形，"塾中悬挂地图，齐禊亭行走指讲，一如今日课堂"。齐先生思想开明，不让李石曾作八股文与试帖诗，除了向他传播自然科学方面的知识，更有一些民主思想，还以历史上和现实中的人物进行榜样教育，深深影响了李石曾以后的思想与言行，使他成为一个新世纪"革命之人"。

齐禊亭先生的课堂不光在丞相胡同7号的西斋，更在广袤的田野。齐禊亭曾带着小石曾去拜祭一代北方实学大师李恕谷。发源于北方农村的北方实学，在明末清初颜元、李恕谷等人的身体力行下，影响很大。而颜元、李恕谷都与齐禊亭的先人熟稔，并世交几代。齐禊亭把颜元、李恕谷的哲学思想，所谓"务实际，贵力行，重经验，修身齐家治国利群之道术"完完整整地教给了李石曾。

那是一个冬日薄雾的早晨，齐禊亭领着小石曾，来到了离高阳县城几十里路远的西曹佐村李恕谷墓前，行三拜九叩大礼。齐禊亭庄重地对李石曾说："五少爷，你一定要记着李恕谷先生的话：胼手胝足，则雄杰之余勇耳！"

等到李石曾留学法国，第一次读到了俄国贵族克鲁泡特金的著作《互助论》和《夺取面包》，一下子就跳了起来，大声喊道："这个克鲁泡特金不就是俄国的李恕谷吗？这不就是'胼手胝足，则雄杰之余勇耳'的翻版吗？"

北方实学大家李恕谷墓

齐禊亭病逝于民国辛亥年，他没有

亲眼见到清王朝的落幕和民国的成立。但在他去世的前日，李石曾刚刚专程从法国回国，策动推翻清政权、暗杀清廷"保皇派"的活动。他特意携带一本《点石斋画报》，去看望奄奄一息的老师。在病床前，李石曾举起手中的画报说："先生，这是当年您给我订阅的《点石斋画报》，上面的欧美时讯和介绍民选制度的文章，我还篇篇都记着。不过请先生放心，我们自己国民心中的国家马上就可以实现了！"

齐禊亭艰难地笑了笑，嘴里念念有词。李石曾趴在老师胸前，听到老师一字一顿地念起了当年他在家塾里唱给小石曾的民间歌谣："不用掐，不用算，宣统不过两年半……"

师徒二人含着眼泪都笑了起来。

齐家藏书，钤明代藏书印"齐林玉世世子孙永宝用"（右上），齐禊亭藏书印"禊亭"（右下）

我的孩子是我的炮弹

提到李石曾的密友，不能不提到一位叫王照的维新名士。王照，字筱航，是李石曾父亲李鸿藻的门生，并且也是直隶人。戊戌年间，王照被光绪皇帝用为礼部主政。有人形容他"身躯奇伟，治事有能名"，敢于言事，性情暴躁。在百日维新的几个月里，他几乎天天来丞相胡同李家，在李石曾的书房里，每天和他的进士同年、李石曾的老师齐禊亭一起指点江山，激扬文字。

说到戊戌变法，世人皆知康有为、梁启超，而几乎无人知道王照，殊不知这个王照才是百日维新中揭竿而起的风云人物。正是他的一封奏折，让光绪直接罢掉了怀塔布、许应骙等礼部六位堂官，这才引发了慈禧的震怒，始有太后回銮、囚禁光绪皇帝的事件发生。王照这封著名奏折，就是在李石曾家的书房里一挥而就的，李石曾和老师齐禊亭还在折子里加了几句义愤填膺的话。一同与李石曾读书的齐禊亭的族侄齐文郎的一手馆阁体派上了用场。王照的一篇奏折搅得朝廷上下翻了天，在维新派阵营里出尽

了风头，但也为之招来了杀身之祸。慈禧
重新掌权后，先是把王照革职，永不叙用，
不久宫内又传出要把他捉拿杀掉的消息。

王照（1859—1933）

王照找到李石曾和他的哥哥李煜瀛请
求帮忙。李石曾说："当初是您非要把我
也推荐为礼部主事的。如果那样，今天我
就和谭公子、杨锐他们一样身首异处喽！"

王照脑门上冒着汗说："五公子，过
去的事不要再提了。现在是火烧眉毛的时
候，您说我该怎么办吧？"

李石曾说："留得青山在，不怕没柴
烧！筱航兄且先往东洋躲避一时，他日再图卷土重来，东山再起！"说罢，
他从身上掏出二百两银票，交到王照手上："筱航兄，珍重！"

一代名流王筱航流下了男人的泪水，说："五公子，戊戌百日，我认
清了一个理儿，从今往后再不入官家大门。五公子，你也再听我一句，今
后安心学业，做个书斋耕夫，清都山水郎吧。"

李石曾微微一笑，并未回答王照。

原来，戊戌变法"六君子"处斩的那天，李石曾不顾哥哥李煜瀛的反
对，一定要去现场探看。在李石曾的心里，他早已无限趋向维新，更何况"六
君子"中，杨锐也是在李府经常走动的人物，与李石曾兄弟是莫逆之交，
曾无数次与王照、齐禊亭等年兄年弟议论朝政，臧否名流。而李石曾的父
亲李鸿藻赞助康有为、梁启超"强学会"的五百两银子，也是让李石曾交
给杨锐，由杨锐办理的。"六君子"罹难，李石曾的家就在不远处的菜市
口大街丞相胡同 7 号，不去送别、祭拜一下，李石曾从心里觉得过不去。

哥哥李焜瀛百般阻拦不住，只得让李石曾换上了便服。当时父亲刚去世不久，哥儿俩还穿着孝服。李焜瀛如此这般化装打扮一番弟弟，才让他上街。

刑场围观者众多，杨锐等人披发戴枷，自然不会注意到围观者中是否有自己的亲朋好友。轮到杨锐受刑的时候，杨锐面不改色，一派从容。李石曾躲在人群之后，悄悄拿出了一份杨锐在给张之洞当幕僚时的奏折抄本，从衣袋里掏出了几枚四川人爱吃的辣椒，放在奏折之上，托举过胸，在心里重重地说："叔峤兄，你的血不会白流！"

杨锐、王照虽说都是当时的一方名士，自言新政以后，处处以维新派自居，但可笑的是，他们的心中始终还是脱离不了旧礼教的樊篱。杨锐被捉以后，他的恩师张之洞当时手握重权，但他临死也没盼来他心里对之无限忠诚的"香帅大人"的只言片语。年轻的李石曾作为张之洞和杨锐关系的见证人，不可避免地对救国之能臣、自己家几代人的姻亲长辈张之洞失望了。须知，张之洞盛年时期有关国事的大政施策方针，其文字均有赖于杨锐，但当大难来临，政客心理还是战胜了信念和私谊。李石曾腹诽张之洞的是，张自幼跟随自己的父亲李鸿藻，其政治主张和做官操守，就是极度讨厌官场钻营和背叛，父亲把这些行为称为"钻狗洞"。而张之洞在杨锐被斩这件事上，实实在在地钻了一回"狗洞"，令李石曾对政界的一切感到齿冷。

而王照做过的一件事，也令李石曾对维新派的双面人格颇有看法。原来，王照的爹爹去世后，按照旧礼教，在丁忧期间他们兄弟夫妻均不能同房。但他的弟弟偏偏就在那几天和妻子睡在了一起，不久他的妻子怀孕了，气得王照大骂他的弟弟、弟媳不遵礼教，在父亲丁忧期间居然守不住礼节，贻笑大方事小，有辱儒门斯文事大。但后来，王照的妻子居然也怀孕了。

这下他的弟弟开始了反击,兄弟极端不睦。王照便迁怒于他的夫人,日日
责打怒骂,生生地把夫人给折磨死了。他的夫人去世后,死人的棺材放在
屋内好多时日。李石曾为此做说客多次劝说。他的心里当时就想:堂堂一
维新名士,礼部主事,竟为旧礼法束缚得如此严重,可见世风腐朽之积重
难返。

李石曾和旧世界决裂的一个重要标志,应该就是他的儿子李宗伟的诞
生吧。1899 年,正是李石曾的父亲去世不足两年的日子,按照礼制,李石
曾应该守制,和妻子分房而居,但他不守礼法,继续和妻子同居一室,与
之恩爱有加,他的妻子很快有孕。他用这一做法和旧势力决裂。妻子姚同
宜知道自己怀孕后,曾和李石曾商量是不是把这个孩子打掉。当时京城内
已经有了人工流产的医生。李石曾硬气地说:"我非但不打掉孩子,还要

李石曾之子李宗伟,约 1935 年摄　　李石曾之女李亚梅(左),1910 年代摄

大张旗鼓地生，热热闹闹地办满月酒席！"

　　儿子出生后，李石曾去老师齐禊亭处请名。他对老师说："我的孩子是我的炮弹。这是射向旧世界的一枚心弹！"

　　齐禊亭为孩子命名"宗伟"，其意自明，希望这个孩子不是俗物，而应是宗法之下的伟丈夫。

　　也许从那个时候起，李石曾即立下了"但做大事，不做大官"的人生信条吧。

李石曾的朋友圈

　　如果发小儿是一句只属于北京的土语，但没有一句土语能这么直接有力地反映那些总角之交的情谊。"朋友圈"一词则是网络时代对人脉及关系网的最精准的命名。当"朋友圈"一词诞生以后，再也没有一句相类的词语能与之比肩。

　　穿越一百多年以前，李石曾的朋友圈简直令人惊掉下巴。如果不是在历史的尘埃落定以后，回首那个年代李石曾周围光怪陆离的朋友圈，你会发现，他的朋友圈比他的发小儿们还要令后世文人雅士拍案称奇——这委实太魔幻了！

　　暂举李石曾几个重要的朋友圈成员吧。相同的特质是，这几位近代史的重要人物都是李石曾的忘年之交，年龄均要比李石曾大上几十岁、十几岁。李石曾和他们称兄道弟，均得益于他们共同的身份：李石曾父亲李鸿藻主持朝考时的门生。

　　第一位就是甲骨文的发现者王懿荣。这位三任国子监祭酒的晚清大儒，发现甲骨文后的第一时间，就来到丞相胡同，和同僚瞿鸿机、杨士骧、王照、严修等一同分享，而李石曾甘愿为之充当"小跑差"。他一会儿去菜市口药店里买"龙骨"（王懿荣就在这味中药里，发现了甲骨上的文字），一会儿到刑部尚书府请金石收藏大家潘祖荫，移步李府"赏宝"。他忙得不亦乐乎。就在这样的氛围中，李石曾养成了对文字和古董非同寻常的敏感和鉴赏力。许多年之后，李石曾还力图以自己的学识和能力，在汉字"六书"之外，再造一种"七书"文字，把拼音字母与汉字笔画结合起来，实践他的文字改革。而王照自日本回国后，也在李石曾的帮助下，开展汉语拼音的推广，此举奠定了国语汉语拼音的标准化。而用李石曾的话说，这些工作不过是他的"余兴雅好"。

　　李石曾青少年时代的第二位重要朋友应该是严修，即严范孙。这位后来名气比李石曾大好多的教育大家，当年在李府是叨陪末座的角色。李石曾调侃地说："范孙兄在我家的地位，约略相当于父亲当年刚进军机时的模样——人称'打帘子军机'。"意思是由于资历浅，新进军机处者晋见时须排在队尾，为前行军机大臣们打帘子。

李石曾中英文毛笔签名及钤印

　　李石曾和严修以兄弟相称，二人一起办成了中国教育史上的几件大事：创办天津南开学校，创办河北大学，创办直隶高等师范学校等。后来，严修被李府推荐去袁世凯府上担任

家庭教师。这条线路，为日后民国的成立，
京津同盟会创建人李石曾和袁世凯方面
之间的谈判预留了通道。

　　李石曾赴法留学之际，在上海逗留
期间，恰逢严修从日本考察教育归来，
二人深谈数日。他们心中几乎抱定了同
一个人生目标：教育救国。1908 年春天，
李石曾从法国回国，为他的豆腐公司募
股，严修是第一个自愿入股者。

严修（1860—1929）

　　还有张之洞。这位晚清大佬算不算
李石曾朋友圈的一个另类呢？应该是亦
师亦友的关系吧。张之洞与李石曾父亲李鸿藻有师生之谊、亲眷之属，彼
此关系莫逆。张之洞的仕途起步，譬如任山西巡抚、广西巡抚，都是李鸿
藻鼎力推介。张之洞虽被李石曾呼为中堂大帅，但他们的私谊是非常深厚
的。开始，李石曾把变法维新希望很大一部分寄托在张之洞身上。当已加
入同盟会的李石曾从法国第一次回国，就势探听张之洞的政治立场。那时
张之洞刚刚奉调入京，充任体仁阁大学士，军机大臣，主管学部。李石曾
留洋归来，又身为朝廷荫封郎中，张之洞自是要向太后、皇帝推荐一番。

　　一日，得闲的张之洞带着李石曾和他的兄长李焜瀛逛古董摊，几人的
晚餐是在彰仪门外天宁寺用的。张之洞兴致很高，饭菜还没上来，他对李
石曾兄弟二人说："朝堂上有人说我垂垂老矣，不复当年督师广西大战
法夷，创建汉口铁工厂之勇也。老夫今天要试一试我的脑力，能否再验三
甲之捷才否？四公子五公子，你们出一个题目，我要作一个'诗钟'！"

张之洞（1837—1909）

"诗钟"是晚清文人雅士常常自娱自乐的文字游戏，即时随机取两个字用作出句，在最短的时间内作出一句诗联，以逞才藻。四公子李焜瀛环视周边，看到了饭庄上的匾额，有"塔射山房"四字，于是就说："就请香帅大人以'射''房'两字为题，作一个'诗钟'吧。"

张之洞思谋片刻，脱口念出了一句诗联："射虎斩蛟三害去，房谋杜断两贤同。"

少不得随行幕僚一阵虚伪的恭维和奉承。

李石曾暗暗地皱了皱眉头，这都什么年头了，朝中大僚还在热衷于文字游戏，清谈雅癖。他想起在法国参观克鲁邹兵工厂里的大炮和战车，又想起张之洞汉阳兵工厂里的"汉阳造"步枪，对比太强烈啦！

几天后，李石曾拒绝了张之洞敦请他出任新进学士的力邀，放弃了自己一片光明的仕途。这年年底，李石曾带着太太姚同宜返回法国，继续筹办"巴黎中国豆腐公司"，从此走上实业救国、教育救国的坎坷之路。

不要以为李石曾的朋友圈都是高居庙堂之上的要员官僚，其中也不乏"下九流"或不入流的奇人雅士，譬如戏曲优伶响九霄。这个响九霄，原名田际云，是晚清民国年间梨园行的领袖。作为河北梆子划时代的开山名角，也是巧了，响九霄的原籍也是直隶省高阳县。这样，经常出入官宦大僚之家唱堂会的响九霄，与李鸿藻直隶同乡大学士张之洞、张之万之间就有了乡谊之交。李石曾结婚时，家里的堂会戏，邀请的正是响九霄的戏班翊文社。响九霄皮黄、梆子"两下锅"，一会儿在皮黄戏里客串小生周瑜，一会儿在梆子戏《斗牛宫》里扮演花旦清水花，很是得新郎李石曾、新娘姚同宜的欣赏。一同看戏的齐如山犯了戏瘾，当下就跟着票戏上了台，票了一折《大英杰烈》。响九霄唱陈秀英，齐如山票况钟。戏毕，齐如山拉着响九霄来见新郎李石曾，自是得到了不菲赏赐。

　　但齐如山拉名角来见五公子还有更大的用意：响九霄是朝廷的"内廷供奉"，三天两头进宫应活儿唱戏，与当今皇帝光绪主子说得上话——而这，正是一干维新派小青年急切寻找的进言路径。当时，光绪皇帝周围布满了后党慈禧的眼线，维新派人士要想单独晋见皇帝还真是不容易。王照、杨锐、齐竺山齐如山兄弟，都托李石曾寻找接近皇帝的路子呢。

　　齐二爷齐如山对李石曾说："五公子，这不是踏破铁鞋无觅处，得来全不费工夫吗？！"李石曾恍然大悟，说："但不知这位乡党肯否为国家冒此杀头风险？"响九霄多年来受尽李鸿藻家恩惠，与在梨园行手眼通天的齐如山齐二爷早有来往，其实早有暗助维新之意，当下便从戏台上拿过一

齐如山（后中）与京剧名角梅兰芳（前中）、程砚秋（左）、尚小云（右），1930年代摄

支唱戏用的道具令箭折断了，说："际云虽为末流，却也是燕赵慷慨悲歌之士也！"

就这样，戏子名伶响九霄成了维新派的信使，为光绪皇帝传书递简。这主要是由于那些皇宫当差的每次进宫都要搜身，而只有"内廷供奉"的戏子出入，反倒不受搜查。当然那些书籍报刊都是有关西方国家和日本明治维新的一些文章和信息。值得一提的是，有一次，响九霄受王照之托，还把维新派人士设计的一套海陆军大元帅服装进戏班衣箱里带进了皇宫。光绪皇帝见此大悦，从此视响九霄为心腹之人。据传，最后一次进宫演戏，光绪皇帝让他传递的最后一个信息，是让维新派的干将们准备几匹快马，以备不时之需。

维新失败后，响九霄一路奔逃到上海躲避起来。后来，他在李石曾和齐如山的扶持下，做起了全国正乐育化会的会长，并于 1916 年创办了近代戏曲史上北京第一个招收女坤伶的戏班——崇雅社，兼授京剧、梆子，助力推进戏曲改革，很是出名。

当然，这也是李石曾庞杂社会事业活动的另一项重要内容了。

第二章
做着豆腐闯巴黎

一匹瞎马走中原

1900 年，农历庚子，这是古老中国的国殇之年。

先是义和拳在朝中一班昏庸大臣的怂恿下，在华北大地上席卷而起了一股"黄色旋风"。包着黄头帕、穿着黄衣服的义和拳拳民们呼啸而来，又呼啸而去，忽而扒了廊坊通北京的火车道，忽而又攻打北京的德国使馆。八国联军正在集结，扬言要攻打北京城，气势汹汹。整个京城风雨飘摇。

5 月初的一天，李石曾来到离家不远的锡拉胡同，拜望他父亲的门生、国子监祭酒王懿荣。王懿荣以一介文官，刚刚被朝廷任命为京师团练大臣，负责守卫京师。李石曾问王懿荣："兄台大人，你认为北京城守得住吗？"

王懿荣说："不瞒五公子说，眼下皇上和太后已经准备西狩啦！义和拳刚刚烧了荷包巷子，又烧了前门楼子。拳民不可恃，吾义不可苟生。主忧臣辱，主辱臣死啊！"

李石曾不知道该怎么安慰这位忘年交，只能祈愿祭酒大人多多保重，为国家珍重贵体，然后就悻悻地退了出来。王懿荣家的大门外有一眼水井，井盖已被移开。两人出门时，王懿荣指着井口对李石曾说："五公子，这里就是我的报国之所了！"

果然，数日之后，王懿荣在八国联军破城之际，携妻子、儿媳先服毒后投井，庄严自尽了。

李石曾回到丞相胡同的家，开始和四哥焜瀛商量逃难问题。李石曾力主逃往上海，日后也好为自己出洋提供方便。一天之后，一家人便匆匆上路直奔通州，准备走水路去天津奔上海。一百多间房子的丞相胡同李府，几十号妇孺孩子，几十号仆

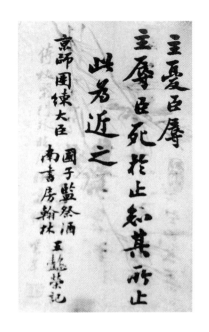

王懿荣绝命词

人丫鬟，逃难之乱可想而知。谁留守，谁出走，都顾不了太多。有多慌乱呢？李相爷的金银细软落下无数，最贵重的一件是皇上御赐的哥窑笔洗，竟被遗漏。几十年后，此物被李石曾家留守的家人后代以三百万卖掉。被盗的古书画，如明末清初大画家卞文瑜的山水画，被五块钱一幅卖掉，荣宝斋再回收都是二百元。

一路狂奔逃到天津，正准备进城，但见天津城东北部外国人租住的紫竹林一带浓烟滚滚，火光冲天。李石曾一家所乘坐的大船被挤在河中，只得转道。李石曾说："小乱进城，大乱还乡。进大清河，回老家高阳！"于是大船转道大清河，奔高阳老家而去。

就是在这段航程，李石曾和他的家人第一次遭受了性命之虞。这也是李石曾平生第一次遇险。

船到名镇胜芳，正赶上当地的义和拳检查"二毛子"（指密通洋鬼子之人）。神坛之上，香烛齐备，路过的人，都要在神坛上焚一张黄表神纸。按义和拳拳民的规定，焚毁的黄表纸若纸灰向上飞，则必是良民；如若纸灰向下飘，则是"二毛子"无疑。这当然是拳民们敛财的一种手段，他们只要把黄表纸弄湿，纸灰当然朝下飘。这样一来，路过渡口之人少不得送礼行贿，拳民们的腰包才能鼓起来。但也有不少大船商贾真的摸不清门道，就在河边被拦截，财物被抢，人被杀掉。

李石曾一家的大船满载各种生活物品，一看就是个大家主儿，自然被义和拳拳民们一眼看上了。他们不由分说就把船拦在了河岸上，并命一人上岸焚烧黄表以验其身。李石曾身上带了地图，行李中也装有洋蜡烛和牙粉、洋袜等洋物品，如果被拳民们搜出，杀头是免不了的。李石曾的大嫂"哥哥"齐夫人和他的母亲杨夫人带头坐在了船帮上，预备黄表纸一旦朝下飞落，就一齐跳船，以免受辱。李石曾跟着仆人走上河岸，观察动静。说实话，当时的李五爷李石曾心里头是没谱的，不知道义和拳拳民们葫芦里卖的什么药。但当他看到了排在前头的人焚烧黄表纸的过程后，一下子心里释然了：他的物理知识告诉他，黄表纸只要是干燥的，点燃后纸灰一定是向上飘飞的，这是再普通不过的热力问题。李石曾遂唤过仆人张泰，说："你且大着胆子焚纸，只要是不让他们把黄表纸弄湿就行。如果拳民们在黄表纸上喷水，你就先在香炉上把纸烤一烤再烧。"如此这般，仆人张泰照着做了，纸灰也确实朝上飘飞。可能是拳民们看到捞不着什么油水，就放李石曾他们一家的船开走了。到开船时，李石曾的手心里全是汗。

李石曾多年以后回忆这次差点丧命的历险，心中不免感叹，总是说每临大事要有静气，你学到的学问不定什么时候就能救你一命呢。

船到老家高阳，李石曾一家暂住县城东街他的曾祖父李殿图的故居，

李鸿藻、李石曾故居，1980 年代摄

那是一座已经坍塌的小楼。几十口人勉勉强强地挤了下来，虽说是乡下，但由于战乱，又加之离京城很近，生活费用也是不低，几天下来，李石曾一家在经费上已经有些捉襟见肘了。

在老家高阳的这段难忘日子，李石曾印象最深刻的物什，当数高阳老家的豆腐。

李石曾的族叔李葆宸住在李家后面，与李石曾年龄相仿的族弟李叔良、侄孙李子久便成了他的莫逆之交。而李叔良和李子久与李石曾大相径庭的生活方式，给了他一个别开生面的了解中国农村社会的机会。李子久刚刚考得举人，被选为曲阳县的教谕，天天缠着五少爷李石曾和自己出诗答对。李叔良则热衷于做买卖，今天收豆子，明天磨豆腐，晚上就给李石曾送来热气腾腾的豆浆。

值得记录的是，李石曾的这次逃难之旅，对来自乡间的美食豆腐，有了非常深刻的了解。高阳的白豆腐，曲阳的黑豆腐，改变了他过去在京城时对豆腐不过是腌渍的咸涩难当的"青方""红方"的不良印象。

由于川资不丰，李石曾一家曾"三月不知肉味"，全凭豆腐为几十口人提供营养。一个月之后，李石曾举家又迁往族侄孙李子久的教谕任所曲阳县。作为半山区，那里的生活费用还是要低廉一些。加之八国联军日渐南侵，他们在保定府斩了直隶护理总督廷雍，李石曾和哥哥遂商量带家人躲避进山区曲阳。在从高阳到曲阳的这段生活里，豆腐——老家高阳的白豆腐，曲阳县的黑豆腐，在李石曾心里产生了文化上的意义和热度。李石曾本来以为家乡高阳的白豆腐，无论是炒青菜，还是拌小葱，都不失为天下至味，但没想到山区曲阳还有一款由当地的土眼子黑豆磨成的人间美食。白豆腐，黑豆腐，伴随了世界公民李石曾的一生，成为他餐桌上的最爱，也成了他改造世界、改良社会习俗的武器。

豆腐，在李石曾看来，这是一块既柔软又何其坚硬的新生活的敲门砖。

虽说生活困顿，但必要的应酬还是要有的。李石曾在老家避难期间，曾赴东三十里的曾祖父的岳父家边果庄村探亲、吊丧。在那里他目睹了八国联军开枪杀人的血腥场面。原来，边果庄村里边家大族（李石曾亲戚）大办丧事，北方的习俗，有招魂幡迎风飘舞，有花里胡哨的棺罩罩住棺材，哭丧棒人手一把，买路钱迎风飞舞，场面有些诡异、肃杀。一队八国联军正好路过此地，把送葬队伍当作装神弄鬼的义和团了，洋鬼子立刻四散卧倒，开枪射击，当下伤了不少送葬人。李石曾亲也没探成，骑着他的宝贝坐骑——一匹瞎马"瞎老好"，脚不点地溜回了高阳城。

必须说说这匹名叫"瞎老好"的马。这匹马是高阳族人凑钱给李五爷买的坐骑，大概是考虑到李石曾贵胄出身，身份特殊，族人们特地买了一匹岁口行将老去的劣马，马还只有一只眼睛，但步伐稳健，性格温驯。但就是这匹瞎马、劣马，一年之内伴随了李石曾在中原大迁徙。他称之为"一匹瞎马走中原"。从河北高阳到曲阳，到河南开封，再到河南和湖北相邻的光州，这匹老瞎马成了他的旅途心爱之侣。在长达两千里的旅途中，李石曾与这匹老马结下了生死交情。奇怪的是，这匹瞎马非常有灵性，每遇危险总会振鬃长鸣，用以警示。有一次，半夜急赶路，伸手不见五指，"瞎老好"忽然嘶吼起来，抖鬃刨蹄，极不安分。正在马背上打盹儿的李五爷赶快睁开惺忪的眼睛一看，他的母亲杨夫人和大嫂乘坐的大鞍车不知何时绳断辕折，眼看就要翻到路边的沟里了。幸好，"瞎老好"一阵闹腾，把一车妇孺惊醒，大家连忙不顾一切地跳下车，要不然会出大事故的，说不定就车毁人亡了。

十九岁的李石曾事后紧紧抱住"瞎老好"的马头，又是亲吻，又是摩挲，实实在在地哭了一鼻子。一年后，李石曾还是骑乘着这匹瞎马，返回京城。说也奇怪，这匹可怜的老马走到老家高阳地界，竟在一个早晨无疾而终。等李石曾早晨起来赶路时，"瞎老好"已经躺在食槽旁奄奄一息了。令李石曾惊异的是，"瞎老好"那只唯一的好眼，却是清澈明亮地看着自己，似乎是在安慰主人狂躁孤独的内心，好像在说："主人，再难的路，你也要安心地走下去啊……"

李石曾伸手给"瞎老好"抚上了眼皮，他想起千里征途之上，某个雨夜，他和"瞎老好"露宿在城隍庙里，他依偎着老瞎马歇息，一阵阵剧烈的瘙痒袭来。原来，多日不换衣服，李五爷的身上长了疥疮。他想起来族弟李叔良教过自己的顺口溜："疥疮一条龙，先从手上行，腰里缠三遭，裤裆里扎营。"他不由得痛苦呻吟起来。那匹老马"瞎老好"居然懂事地用柔软的马鼻抚摸起李五爷来，李五爷的身上哪里痛痒，马头就在哪里转动不停，令李石曾浑身上下好不舒服。就是这样，李石曾和"瞎老好"朝夕相处一年有余，相怜相恤，直至"瞎老好"寿终正寝。

也就是在这次长途跋涉中，李石曾的皮肤病患得有些蹊跷，这养成了他一生最大的喜好：洗温泉澡。这也成了他社会改革事业的一部分。日后，李石曾游历五洲，每到一处，第一个话题就是：此地有没有温泉？而他与这匹"瞎老好"老马的感情，也确定了他一生对动物的喜爱之情，成年以后在他所创建的多项实业事业中，他严禁杀生，不吃活物，而他的儿子李宗伟成为近代中国第一代动物、畜牧学家。

李石曾后来把这匹老马安葬在高阳老家的祖坟旁边，和他一起送葬的还有发小儿齐如山。齐如山说："古有千金买马骨，今有李五爷义葬神驹。是马就有三分龙性，这是不是预示着李五爷前程无量，定有贵人相助啊？"

李石曾说："万物皆有灵性，不可轻视。这匹瞎马与我心心相通，固然是我的福分。年前在曲阳，我的儿子宗伟周岁生日'抓周'礼，他抓住了一个曲阳石雕的动物猫枕。这是不是说，我们一家都与小动物小生灵们有缘呢！"

"石头"与"山"的对话

所谓的"石头"，自然是指李石曾。"山"呢，就是李石曾的发小儿齐竺山和齐如山。这场对话发生在20世纪之交的庚子之年——1900年，地点在他们的老家高阳县，授业老师齐禊亭的老家庞家佐村。

李石曾骑着一匹瞎马从河南光州回北京，途经河北，于是在老家高阳小住。彼时，齐禊亭一家也从北京逃回了高阳。与李石曾一家屡遭险境却逢凶化吉不同的是，齐禊亭一家遭了大灾。原来，齐家一家人逃回老家高阳之后，当地的义和拳不断扬言要抓捕他们，齐禊亭只得带领全家逃往他曾任易州书院山长的易县，投奔他的亲家谭家。但这位亲家怕事儿，不接纳他这个京城里著名的维新派，更何况他有两个在同文馆里学洋文的儿子。于是，齐家全家逃到易县的晚上，在旅店里就被义和拳包围了。齐禊亭和儿子们都练过拳脚，身手矫健，男人们纷纷跳墙逃跑，但女眷们就惨了，一个个束手被擒，惨死在刀下。身死的共计有齐禊亭的夫人，齐竺山、齐如山的夫人和一个孙女。齐家女眷中，只有一个女儿和一个孙女逃了出来。

齐禊亭和孩子们等形势稍为安稳，把夫人和儿媳们的遗体装殓完毕，然后扶柩归葬老家高阳，那已是第二年的春末夏初。齐老夫子此时接到了学生李石曾从河南光州寄来的信札，他要在返京途中来高阳看望老师。

李石曾到达高阳县庞家佐村的时候，正值傍晚的薄暮时分，"瞎老好"疲惫的嘶鸣唤醒着即将沉沉睡去的村庄。当李石曾满面风尘，形容憔悴，滚鞍下马，跪倒在扶杖出迎的齐禊亭面前时，师徒二人紧紧地抱在一起，眼泪无声地流了下来。齐禊亭指着身后一大群年轻子侄，说："五少爷，我齐氏族人和诸友恭迎五公子大难不死，福佑全家归来！"

李石曾展目一看，嗬，全部是他前几年在老家结识的老少弟兄、亲戚发小儿、朋友乡党，举凡齐云青、李广安、齐守郎、段子均、李叔良、李子久等人都赶来了。这个叫"五爷""五少爷"，那个叫"五弟""五哥"，一时间俊彦齐聚，好不热闹。段子均对着姑夫齐禊亭喊道："姑夫，给五少爷安排什么晚餐？"李石曾忙不迭地大声说："豆腐，豆腐，小葱拌豆腐，一清二白！"

第二天是个响晴白日，齐禊亭带着儿子齐竺山、齐如山、齐寿山，引着李石曾来到了庞家佐村南部小白河畔的一座小庙处参拜。李石曾问："先生，这是什么所在？我们要参拜的是什么人？"

齐禊亭叹了口气说："这座小庙是我族齐氏文运阁。甭看庙小，神灵可大。一百年前，这里曾关押过一个反朝廷的大名人，五少爷知道是谁吗？"

李石曾答："学生确实不知，且没听先生讲过。"

齐禊亭说："你们哥儿几个光听皮黄戏《连环套》，可知窦尔墩原籍在哪里？"

齐如山连忙答道："河间府啊！戏词里不是唱'窦尔墩在绿林谁不尊仰，河间府为寨主除暴安良'？"

　　齐禊亭说："对，就是在河间府。咱们齐氏的先人林玉公一百多年前就是和河间府的窦大东、窦二东兄弟一起，做起反清复明的大业啊！窦二东就是窦尔墩啊，戏里的窦尔墩被《施公案》这类侠客书籍写成大侠了。其实窦大东、窦二东兄弟和齐氏先祖林玉公都是大清初年的义士，他们在咱们老家一带这儿拉杆子起事的队伍有一万多人呢！他们攻下了河间、献县诸地，很是令朝廷头疼。窦二东膂力过人，朝廷费了九牛二虎之力才拿住了他，被关押在我族文运阁内。当时林玉公纠集了我族子弟想要劫狱，救出窦二东。窦二东从文运阁中传出话来说：我的脚筋已被挑断，出狱后也再难以杀富济贫啦，犯不上再为我搭上几条人命，多谢兄弟们的刎颈之交啦！就这样，窦二东大侠被押解京城凌迟处死了！"

　　李石曾和齐家三兄弟都被先辈的英雄之气感染了，纷纷攥起了拳头。

　　齐禊亭接着话题，提高了声量："我今天带你们到关押窦二东的文运阁来，就是要借英雄之气，给你们兄弟脑后插一根反骨！"

　　齐如山和李石曾对视一眼，说："你老人家是要我们当革命党，驱除满清，光复中华？！"

　　齐禊亭说："孩子们聪明。年前，我在塾中已经给五少爷讲过孙文革命党的时闻。眼见得朝廷昏庸无道，奸臣弄权，杀我妇孺，此恨何极！这个朝廷还有什么值得留恋？！"

　　一股森森杀气升腾在北方农村的破败庙宇中。在接下来的几个夜晚，李石

青年李石曾

曾这块"顽石",同齐竺山、齐如山这两座"灵山"开展了中国历史上著名的"隆中对"。他们商定:李石曾出国留洋学习军事,以知晓兵备;而齐竺山、齐如山兄弟在北京大办实业,为以后的反清大业提供后援支撑。

回京后不久,李石曾即加紧谋划留法事宜,齐家兄弟则创办了北京城名满天下的实业机构——义兴局。在推翻清朝统治的大业中,仅义兴局为革命党提供的资金支持就有两万大洋之多,这还不包括义兴局在革命期间为李石曾、汪兆铭、张继、王法勤等革命党大佬提供的食宿与周济。义兴局仓库里堆放的一个刺杀朝廷大员的炸弹壳子,被齐如山当作文物保存了许多年。推翻帝制,建立民国,孙中山北上,有一天在李石曾陪同下专程赶赴义兴局,感谢义兴局为革命做的贡献。一进门,孙中山就握着齐如山的手说:"我们花了你们高阳人不少的钱哦,豆腐公司的、义兴局的,很讨扰啊!这笔钱,该由民国政府来偿还。"

如果说以孙中山、黄兴、蔡元培、吴稚晖等人为代表的南方阵营开启了推翻大清王朝行动的先声,而李石曾、齐氏兄弟等北方青年则为这场运动注入了实实在在的物质储备和精神力量,并为日后孙中山北上奠定了坚实的基础。如果说清末革命党的行动有两个中心,一个在南方,一个在北方,那南方的精神领袖当然是孙中山,而北方的"无冕之王"应该属于李石曾。

李石曾与齐如山、齐竺山,"石头"与"山",这场对话改变了中国近现代史的进程。

四条汉子与一个影子

1900 年，岁次庚子，八国联军在天子脚下大逞淫威，杀人放火。华夏狼烟四起，眼见得国将不国。

李石曾骑着一匹老马两度跋涉中原国土之后，一年后才回到故都京华。经历这次逃难返乡，一个脱却世家大族贵公子浮夸顽劣性格的新青年出现了。此时李石曾的心中无疑增添了信念和求索，像家乡的黄土地一样，他变得质朴而柔韧。他的身体精瘦而活力四射，他开始蓄须，浓密而整齐的髭须给他添了几分老成。

京城的官道上，李石曾风尘仆仆，两次在贤良祠里和父亲的同僚李鸿章见面，牵线人是任职同文馆的翻译刘式训，他也是齐如山的同学。其时，刘式训正辅助李鸿章和洋人谈判。李石曾还和父亲的门生、如今朝廷倚重的大臣孙宝琦高论时事。他的话题和诉求集中在一点：我要留洋。

这一年，他二十一岁。

李石曾和李鸿章之间的见面，颇像夕阳与朝阳的对话——李鸿章垂垂

李鸿章（1823—1901）

老矣，李石曾朝气蓬勃。虽然李鸿章与李石曾父亲李鸿藻政见不同，一为洋务派首领，一为清流派龙头，但两人私交不错。李鸿藻1887年督修黄河大堤时，李鸿章还在香港汇丰银行为公借贷月息七厘的贷款。

李石曾痛言国家积贫积弱，受人欺凌，决心出国留学，闯一条父辈们不曾走过的人生之路。等李石曾表明完自己的心志，李鸿章定定地看着他。他大概在想：世道真是大变了，原来那么顽固的儒生清流的孩子，居然一心要出国留洋。

李鸿章看着这个和自己亦敌亦友的同僚的公子，有些不屑地问："世兄打算去西洋学什么？"

李石曾答道："学军事，师夷长技以制夷。"

李鸿章当即眼光一亮。

不久以后，李鸿章即推荐李石曾以驻法公使孙宝琦随员的身份，赴法国留学。遗憾的是，李鸿章不久即病逝，他推荐的留学事宜又耽搁了数月。

后经李石曾哥哥与当时的首辅大臣庆亲王奕劻请示，方才成行。而与李石曾同行的人中，就有后来的国民党大佬张静江。又因这一次远行，李石曾缔结了他一生中最重要的政治与学术同盟——民国"四条汉子"。

阴错阳差，李石曾因为身体瘦弱矮小，没背上硬邦邦的步枪，没有学成军事以报效国家，未能实现他的军事抱负，"师夷长技以制夷"，但他以单薄的身体抱住了软绵绵白花花的豆腐。当然，这是后话。

　　熟悉中华民国历史的人都知道，民国肇建之时，国民党内有"民国四皓"之称，因其德高望重、功勋卓著，又均为国民党中央监察委员，关系也十分密切，所以并称为国民党"四大元老"。这四个人是谁呢？以年龄论，排序为吴稚晖、蔡元培、张静江、李石曾。以在国民党的官职论，排序为张静江、吴稚晖、蔡元培、李石曾。以生命周期长短而论，则排序为李石曾、吴稚晖、蔡元培、张静江。

　　李石曾首先认识的是他的革命同路人张静江。

　　1901年，李石曾回到北京家中，积极筹备留学事宜。这一年，张静江也来到北京，通过其岳父姚炳然的关系找到了李家。原来，这姚炳然和清代状元黄思永均系李鸿藻殿试门生。而那黄思永的儿子黄秀伯，正在北京创办纺织工艺局和英文学校，与李石曾、齐竺山、齐如山等为莫逆之交。黄思永的纺织工艺局、齐家的义兴局，都是京城数一数二的新兴实业团体。

　　以李石曾好交朋友、急公好义的性格，他自是与号称"当世人杰"的江南勇士张静江一见如故。在黄秀伯介绍他们第一次见面的饭桌上，李石

李石曾为张静江刻田黄兽钮印章，满纸云烟翰墨香（左、中），卧禅静江仁兄大人命刊石曾并记（右）

民国"四条汉子"

吴稚晖（1865—1953）

蔡元培（1868—1940）

张静江（1877—1950）

李石曾（1881—1973）

曾就说："君号人杰，自非俗物。"张静江回答说："弟更是飘然不群，人中龙凤也。"怎么个"飘然不群"呢？原来就是在北京老字号东来顺饭店这个难得的雅聚餐桌上，李石曾和张静江、黄秀伯等一干青年才俊，谈到投机处，竟开怀畅饮，连吃了五盘涮羊肉。这与他多年后倡导素食，成为世界素食组织领袖人物的行径，真可谓大相径庭。张静江总是拿这一次的聚餐说事，向周边人等介绍李石曾的意志是如何的坚强，信仰是如何的坚定决绝。从顿餐五盘涮羊肉到点滴荤腥不入，并信奉一生，李石曾当得起"飘然不群"一词。

李石曾和张静江认识后，每天相谈契阔，相见恨晚。张静江此时已是一个残疾人，他的一条腿跛行厉害，一只眼睛也是失明的。张静江带在身边的一个仆人卢焕文私下里对李石曾说："这都是我家少爷大仁大义，救人一命留下的伤病……"李石曾忙问缘由。

原来，这张静江在老家浙江湖州也是一方侠士，虽说大富大贵，但任性豪侠。有村人失火困于屋中，张静江一头扎进大火里，把人救了出来，自己落得个腿伤骨断。后来，张静江又害眼病，一只眼睛几乎失明，但张静江不为所困，反而喜好少年游侠的生活。他骑术甚精，一条跛腿能在马背上上下翻飞，毫无障碍。

李石曾与张静江一干人等游玩有日，和这位仆人卢焕文也逐渐言语无

1910 年，卢芹斋在法国巴黎开办古董贸易公司，时年三十岁

间起来。中国文物界的大小人物，日后无不知晓这位仆人在文物交易领域惊天地泣鬼神的手眼功夫和他掀起的滔天巨浪。当然，人们所熟知的，是几年之后在法国巴黎，李石曾为他取的文雅时髦的新名号：卢芹斋。

一天，李石曾邀约张静江同游清兵神机营，骑马射箭，玩得不亦乐乎。李石曾见张静江在马上如履平地一般，称他的骑术像是马戏班子里的"八步赶蝉"。二人歇息下来，和清兵的一个戈什哈攀谈起来。当时清兵兵营盛行一种游戏——吞老虎块，其实就是比赛吃肥肉：把约半斤重的生肥肉切成四四方方的一块，美其名曰"老虎块"，意思是以肥肉块来试探一个兵勇胆量和勇气。吃下"老虎块"，才能证明一个兵勇的气力。

李石曾和张静江目睹几个兵勇在吞下"老虎块"呕吐连连的丑态后，私下里说道："茹毛饮血，自甘堕落，这样的军队焉能不败？"

李石曾说："静兄，以后再也不敢夸我吃五盘涮羊肉的糗事了，我不能与丘八兵痞们等言其事啊。"

孙宝琦（1867—1931）

自此，李石曾与肉食逐渐疏远，素食亦成了他改变中国民俗，推动吃"哲学素"运动，影响"新生活"运动的序章。

张静江在北京的时光里，先后随李石曾拜见他家的高邻，同为其父殿试门生的孙宝琦。那时孙氏刚刚被外放了清廷驻法国公使，张静江申请加入"留法团队"，被委以"商务随员"身份，在此之前李石曾已被任命为"使馆随员"。一个充满叛逆精神的留法团队出发在即。

临出发前，北京南城菜市口丞相胡

同7号李府，李石曾的夫人姚同宜久久不愿入睡。李石曾催她上床安歇，
姚夫人说："你打年幼体格瘦弱，此去法国，一个多月的水路，我实在是
不放心。"

李石曾说："同路者三十余人，又有如山二兄、同文馆之同窗刘式训
参赞一路照拂。慕韩（孙宝琦）大人是爹爹门生，待我如子侄一般，还有
什么不放心的。"

姚夫人说："听闻那法兰西是个开化之地，女子均多情而易感，你到
了那里，少做拈花惹草之事……"

李石曾不禁笑出声来，说："我的仙鹤姐姐，说哪里话来。我此次放
洋留学，旨在救国医民，志趣高远，偷鸡摸狗之事，丈夫不为！且待我此

1933年5月，民国"四条汉子"吴稚晖（左一）、蔡元培（左二）、张静江（坐者）、
李石曾（右一）同框，另有庄文亚（右二）、陈和铣（右三）、褚民谊（左三），在上
海参加世界文化合作中国协会筹备委员会第一次常务会议

去学得成就，一定接你去西洋开开眼界，我们在法兰西生一个像你仙鹤姐姐一样的女儿！"

姚夫人拿出了一幅画。这幅画就是传家之宝，即小石曾随父亲去往恭亲王府时父亲所作的《桂花图》。姚夫人说："你总是跟我讲道，当年是你给爹爹和恭亲王慧根闪现，解释说桂花有归还之意。你带着这幅爹爹生前画的《桂花图》，时时谨记着快快归还到我身边来呀！"

1902 年 8 月 29 日，大清王朝驻法公使孙宝琦带着夫人公子小姐，李石曾带着夫人装在行囊里的《桂花图》，张静江带着日后名扬世界的仆人卢焕文，参赞刘式训带着自己的法国夫人，一干人赶到上海，预订了法国邮轮安南号船票，准备开始这次在中国现代史上著名的远洋旅程。

"四条汉子"中的两人，已经在一条船上。其余两人，正在时风正劲的上海滩等待历史的垂青。李石曾、张静江到上海候船期间，经李叔同介绍，在南洋公学认识了蔡元培，并在学校聆听了蔡元培的演讲。蔡元培演讲的内容，正是让李石曾非常解渴的话题：世界文化与中国文化之比较。

上海老垃圾桥，位于苏州河河道之上，建于清光绪年间。木质步梯行至桥畔，淞江铁路迤逦而来。新与旧的交织映照在这里倍加鲜明。桥畔有一间馄饨铺，这也应是中国现代历史上的一张名片吧。1902 年夏季，微雨后的晴热天气。李石

吴稚晖，约 1910 年代摄

1928 年，李石曾（右二）与吴稚晖（右三）、褚民谊（右一）

曾在这间馄饨铺的楼上，拜会了他一生的挚友和师长吴稚晖。

李石曾是在私塾期间，听闻维新名士王照介绍江苏武进举人吴稚晖，其文章怎样的惊世骇俗，其为人怎样的率性天真。今日一见，吴稚晖这位姑苏秀士，身穿短裤，满面油光，正与两位朋友高谈阔论。李石曾乍一看，这位吴举人与自己的发小儿齐如山高大的体量、和蔼的面貌甚为相像，甚至连胡须都蓄得一样，心下不由得多了一分亲切。

待李石曾报上姓名，吴稚晖爽朗大笑："原来是当朝相爷公子来访，失敬失敬！"

石曾说："要是父亲在世，得知我和一心要造反的江苏举子吴敬恒交往，不知作何感想！"

此言一出，二人哈哈大笑。

吴稚晖和李石曾以及在座的曹汝霖、夏霜秋等沪上名流相谈甚欢。

几天后，吴稚晖邀请李石曾、张静江等人在四马路著名的餐馆杏花楼聚餐。面对将要赴法的李石曾和张静江，吴稚晖说："这一次你们去法国，机会难得，以后最好能帮助国内青年也多有去法国的机会，以便吸取西洋知识，为国家造就人才，而且人越多越好。到国外吸取新知识，人不厌其多，但也需有人引荐。你们此去，先打个先锋。"

言谈间，绰号"吴疯子"的吴稚晖脱口说出了一句日后在青年学子中广为流传的名言："你们到法国去留学，就是仅仅学得改良茅厕，也是值得的。"

"吴疯子"还说："中国可以有两万人去日本留学，为什么不可以有两万人去法国留学？派出留法勤工俭学生，要像韩信将兵，多多益善。"

"改良茅厕""两万留学生"日后成为留法勤工俭学运动中最蛊惑人心的话语、最关键的词汇。李石曾幕后操作，吴稚晖、蔡元培出面号召，两千余名中国青年登上邮轮，奔向"花都"巴黎，力求获得新知，改变中国旧面貌。

自有留爷处

　　1902年9月，上海至法国马赛。经过香港、越南海防、西贡、马来西亚、吉布提，过好望角，几万里行程，李石曾和张静江跟随孙宝琦的公使留法团队，乘坐法国安南号邮轮，在大海上颠簸了足足一个多月。李石曾所在的留法团队在船上是个什么模样呢？一个字：晕。两个字：晕船。三个字：晕所有。用李石曾自己后来的回忆所言就是："哭爹喊娘者有之，呕吐干哕者有之，誓言再不坐船者有之，发誓说即便到法国就任法兰西大总统也宁愿不赴任者有之。"

　　李石曾依仗自己一年多前长途逃难所积攒下的体力和经验，晕船时段很短暂。他更多的时候是和张静江、卢焕文在甲板上乘凉或日光浴。吃饭的时候，孙宝琦公使固然坐头等餐位，三个满人文溥、恩庆、侍者海某，成了刘式训参赞和李石曾、张静江等革命青年的垫嘴之人，他们三人都会讲几句法语，刘参赞说："ALa Mer！"这是一句中法语混杂的话，意为革命了，要把三个满人"投之于海"。张静江听了哈哈大笑，那三个满人

听不懂什么意思，纷纷向李石曾讨教。李石曾顺手把恩庆手上戴的玉扳指
捋下来，说："刘参赞的意思是把你的扳指投之于海！"恩庆吓得赶紧缩
回了手，收回话头。

正是这枚玉扳指，引起了张静江仆人卢焕文的注意。他出身寒微，从
未见过这般玲珑剔透、有样有价的古董宝贝，就是在主人张静江大少爷的
府上也不曾见过。于是，卢焕文就天天缠着李石曾，央求他让恩庆把玉扳
指褪下来，他想把玩一会儿，并屡屡请李石曾为他讲朝廷里大臣们佩戴珠
宝的故事。

张静江看着自己的仆人如此缠磨李石曾，便玩笑着赠给了卢焕文这样
的称呼："石曾的影子"。

卢焕文对古董珠宝有着天生的异趣和灵感，这次难得的旅法之路，更
是加深了他对古玩行业的认知和迷恋，这就为其日后成为毁誉参半的世界
最大古董商"卢芹斋"奠定了基础。此为
后话。

《卢芹斋传》，2013年法国出版

船到法国马赛，又换乘火车到达巴黎。
李石曾和张静江利用几天的时间开始了"刘
姥姥一进大观园"似的游览。那年，法国
地铁刚刚开通，只有一条线路，李石曾和
张静江带着同伴周菊人、仆人卢焕文去乘
坐了一遍又一遍。眼看着长龙般的火车从
地底下钻出来，又风驰电掣一样从楼宇间、
树林旁穿越，几个中国青年欢呼啸叫，不
停赞叹，感慨道："咱们几个这不是成了《封

李石曾从法国寄回国内的明信片，画面为 20 世纪初巴黎

神榜》里的土行孙了嘛！"

卢浮宫、卢森堡公园、协和广场，李石曾和张静江不到一年的时间里去彼处游玩不下数十次。巴黎、里昂、马赛、尼斯等大城市都被他们青春的脚步丈量了不知多少个来回。

四哥李焜瀛的来信让李石曾的心冷静了下来。四哥在信中说："弟在西邦，应及早定心，投报考军校之夙志，以遂平生。"

但接下来的报考军校之路，让李石曾在法国碰了一个不大不小的软钉子。

李石曾由孙宝琦公使推荐、刘式训参赞引领，于半年之后去报考法国著名的圣西尔军校。军校招生室内第一个科目，照例是测身高，量体重。李石曾自此记住了自己的身高：一米六二，而体重则不足百斤：九十八磅。

负责招生的法国军官是刘参赞的朋友，他拉过刘参赞小声说："您的

1906年7月，李石曾（左一）与哥哥李符曾（右二）等人在英国

这位朋友体重、身高不符合军校招生规格，很抱歉，我无能为力。而且我遗憾地告知您，本校成立二百多年来，从无特例。"

这位军官可能看在外国友人的面子上，顺手拿过一支来复步枪，和李石曾比起高低："参赞先生，看，您这位朋友的身高不及一支来复枪呢，怎么可以当军人？"

李石曾的法语还不太熟练，但拿自己比枪的动作，他是明白含义的。他一把拽过刘式训，用一口从小和刘式训、齐如山等同文馆学生调笑的"京片子"说："兄台，爷儿们走！此处不留爷，自有留爷处！"

此后的几个傍晚，李石曾都跑到他常去的卢森堡公园散步解闷。傍晚的阳光把他短小身躯的影子拉得很长，李石曾往往盯着自己的影子发呆。他想：我要是和我的影子一样高该多好！

吾有浩然之友

巴黎马德兰广场 4 号，这是张静江来到巴黎开办通运公司的地址，自然也是李石曾的"安乐窝"。李石曾每每囊中羞涩，便会来到马德兰广场 4 号的通运公司大快朵颐。李石曾、张静江虽然以使馆随员的名义来法，但实际与使馆并无瓜葛，也就没有薪水。张静江好说，他家是浙江巨商，家资雄厚。他此次来法做"世界之游"，就带了三十万两银子的本金，开发中法货物贸易，举凡丝绸、瓷器、古董珍玩、茶叶、地毯、漆器牙雕，都在张静江的法眼之内。

一天，李石曾又来马德兰广场 4 号"打秋风"，

通运公司旧影

仆人卢焕文神秘地把李石曾叫到了密密麻麻摆放着古玩字画的房间，说："五少爷，今天我算认识了一个奇人！"

李石曾问："什么样的奇人？"

卢焕文说："这个奇人我是在巴黎火车站认识的。火车站广场上，有我老家浙江青田的人从俄国步行而来，在那里倒卖青田石。这个奇怪的人每星期三到那里专门买咱们中国的好东西，从不问价。一来二去的，我和他熟悉了。他买了一对青田石章料，让我找中国的雕刻艺术家给他治印呢。这不，我正想出去找您，我给这位先生推荐了五少爷给他刻印呢！"

李石曾问："他叫什么名字？"

卢焕文回答："André d'Hormon。"

又是一个星期三，李石曾同卢焕文来到了巴黎火车站广场旁的跳蚤市场。一个蓄着整齐大胡子，嘴叼烟斗，穿着风雅的法国男子正在一个浙江青田石料摊前等候他们。

不错，这位法国男人就是后来李石曾最真挚的朋友安德烈·铎尔孟。

令李石曾想不到的是，铎尔孟居然能说出发音清晰的中国话："你好，足下。鄙人在此恭候多时了！"

李石曾忙用法语回敬道："先生，你好。我是中国留学生李煜瀛，见到你很高兴。"

接下来的谈话是优雅而真诚的。他们各自用对方的国家语言交谈了半天。李石曾终于听明白了，铎尔孟，这个法国男人出身贵族，是巴黎政治学院的学生，攻读法律和文学。因为对中国文化的狂热向往，他师承法国汉学家爱德华·沙畹，还计划找一位中国老师精修中文，希望有朝一日去中国留学。

那一天的相识，令李石曾终生难忘。他拉着铎尔孟来到了马德兰广场

4 号，用一把他惯常用的治印刻刀，为铎尔孟刻了两方青田石印章，一方
为闲章：萍水相逢，一方为名章：铎尔孟印。而铎尔孟出手阔绰，给了李
石曾三百法郎的报酬。

不消说，这个"中国迷"铎尔孟中文音译的命名人，自然也是李石曾。

后来，铎尔孟被李石曾介绍到中国驻法国公使馆，跟随另一个参赞唐
在复学习中文，当然他也是李石曾、张静江住处的常客，他们互相学习对
方国家的语言，成了莫逆之交。有一天，铎尔孟请李石曾为其取名号，李
石曾思考片刻，信口拈出令铎尔孟心神骀荡的两个字：浩然。铎尔孟听后，
激动得满面红光，他一把抱住李石曾："足下，这个浩然，是唐代诗人孟
浩然的'浩然'两字吗？我一个外国人，当得起这个伟大的名字吗？"

李石曾从此有了一位"浩然之友"。

铎尔孟的生日是 1881 年 6 月 19 日，与李石曾相差十几天。铎尔孟与
李石曾初识后，按照中国礼仪交换了生辰八字帖，在张静江、卢焕文的见
证下，两人结拜为异国兄弟，李石曾从此称铎尔孟为"我的浩然兄"。

1905 年，清政府派出五位大臣出使欧美，考察宪政。李石曾兄长李煜
瀛（李符曾）作为邮传部左丞，跟随镇国公载泽来到法国。李石曾向四哥
介绍了铎尔孟。这也成为第二年铎尔孟漂洋过海，来到心向往之的中国，
在醇亲王载沣家里做法语教师最为妥帖的跳板。

时年二十六岁、表字浩然的法国人铎尔孟，来到中国后一头扎进了浩
如烟海的中国典籍里，《古诗十九首》被他译成了法文，《西厢记》《长生殿》
也被他译介到了法国。佶屈聱牙的《毛诗》《周易》也在被称为"思考烟
斗"的陪伴下，成为法文警句和哲理散文。铎尔孟写得一手漂亮的毛笔字，
说得一口漂亮的北京话。在醇亲王府任教期间，铎尔孟熟读了《红楼梦》，

尤其对书中的诗词倍感兴趣。铎尔孟的中文水平怎样？用一句话来形容，假如他在一间房子里说北京话，隔壁房间的人绝对听不出来他是一个外国人。他对中国古文熟悉到什么程度？《礼记·月令》中有一句"孟春之月……獭祭鱼"，为一个"祭"字，他按照中国古文的解释怎么也解不通。在李石曾的建议下，他求教于北京大学国学门主任沈兼士。沈兼士说，祭字古义一种解释为"杀"也，铎尔孟闻言仿佛醍醐灌顶，激动地大喊大叫："我上辈子一定是一个中国古代读书人！"

铎尔孟自1906年第一次来到中国，直至1954年离开，他在中国工作和生活近半个世纪，身份包括法语教师、大学教授、政府顾问、汉学家，经历了清末、民国、新中国三个巨变的时代，成为一位独特的参与者与见证者。那年，七十三岁的铎尔孟孑身一人在返回法国的轮船上，不禁仰天长叹："我的生命不再有意义，我将从此生活在对自己的哀悼中！"回到

1925年，铎尔孟在北京新鲜胡同寓所

1936 年，李石曾（左四）与中法大学同事贝熙业（右四）、铎尔孟（右三）、李书华（左二）、李麟玉（左三）等人在北平

法国后，铎尔孟寄居在巴黎郊外的一家修道院养老，他把这个地方起名为"华幽梦"。

铎尔孟最后留给世人的，是长达四千二百多页的法文版《红楼梦》审校手稿。这位自称"红虫子"的中国文化痴迷者，用十年时间，审校完他在中法大学的学生李治华的《红楼梦》法文译稿后，1965 年初春在巴黎华幽梦修道院寂寞辞世。

他的中国结拜兄弟李石曾，在他历尽千难万险返回法国后，曾专程从隐居地乌拉圭赶去探望他，作陪的还有同时从中国归来的法国名医贝熙业。

1964 年，铎尔孟在华幽梦修道院　　　　法文版《红楼梦》

三位鹤发童颜的老人抱在一起，痛哭失声。良久，铎尔孟用一口"京片子"朗声说道："让我们喝粥去！"其时，李石曾正在向全球华人推行食粥运动，此活动是世界素食组织的重要活动。李石曾则说出了当年铎尔孟在北京大学课堂上常用的语句："激活你们的文字吧！"

铎尔孟去世前，最后一句话竟是《红楼梦》中袭人名字的法语译文："香气突然轻盈而至……"

食堂里的奇遇

李石曾在法国没有学成军事，生活费也不是很充裕。多亏铎尔孟的介绍，他去了距离巴黎三个小时车程的小城蒙达尼。铎尔孟说："蒙达尼有一家农校，进入这所学校，生活和学习费用都很低。"于是，在法语学习满八个月之后，李石曾踏入了他生命中重要的驿站——蒙达尔纪农业学校。学校分男子、女子公学。

蒙达尔纪农业学校的校长叫沙博，他是一个对中国文化充满向往的教育家。李石曾留学法国期间，法方纷纷传说李为慈禧太后的干儿子，以至于法国同学下课之后纷纷前来，挤着围着要瞻仰一下这个大清帝国"干太子殿下"的尊容。校方也很重视李石曾的学习，单独为他准备了一把大椅子，独桌听课，受尽了优待。后来才弄清，李石曾不是慈禧的干儿子，仅仅是他的父亲李鸿藻在他三岁时，带他拜见太后，小石曾跪拜礼仪知进知退，中规中矩，大得慈禧欢心，被慈禧夸说此子日后必成大器，并当场获得不菲赏赐。

明信片上的蒙达尔纪农校外景

　　但远离祖国的李石曾眼下并没有半点被尊崇的感觉，离开刘参赞的家，在蒙达尔纪男子公学食堂的就餐就已经让他苦不堪言了。法国人每顿必吃的烤面包、葡萄酒，李石曾享用了没几个月就患上胃病。原来，李石曾从小消化能力弱，每顿饭只吃烤面包、饮葡萄酒，他的胃受不了，特别是面包那层坚硬的外壳，吃在嘴里，委实难以下咽。李石曾没有办法，只好把每顿饭的主食烤面包的外壳剥下来，只吃面包中间柔软的部分，而葡萄酒则是万万再不敢沾唇。剥下来的面包壳，李石曾舍不得扔，总是过几天用菜汁煮软再吃。这样一来，他的餐具就和别的同学有所不同，除了必备的刀叉勺托盘，还有一个大瓷缸子，用来盛放剥下来的面包壳。

　　一天，李石曾正在学校食堂用餐，手边的大瓷缸子很是显眼——里面盛放的面包壳已经隆起，面包壳内虚外实，掏洞分明，像是一件工艺品。这时，李石曾听见了一句沙哑的法语问话：

中国俭学生在蒙达尔纪农校门口，中间抱大衣者为吴稚晖

"我的朋友，你是在餐桌上做什么实验吗？"

李石曾循声望去，一个眉目清秀、眼眶深凹、戴着城里少见的风帽的男子在对面微笑着向自己发问。

李石曾一时语塞，凭他的记忆，这个帅气的法国青年不像蒙达尔纪公学学生。他礼貌地问对方："请问你是哪里人氏？请原谅我不记得你在蒙达尔纪农校是第几年级。"

清秀男子说："我不是这个学校的学生，我出游考察归来在此寄食。我已经观察几天了，你的用餐方式很令我好奇。请问我能帮助你什么？"

李石曾这才把自己是一个中国人，因不习惯吃法国饭，已得了胃病的实情讲了出来。

在彼此通报了名姓之后，那位名叫 Jacques Reclus 的清秀男子友好地建议说："不如咱俩做个交换，你把剥下来的面包壳赠予我，我从家里带来蔬菜与你交换，怎么样？"

李石曾问："你要这些面包壳有什么用？"

清秀男子说道："我是一个地理学者，大地之子。我四海为家，经常远足野外，风干的面包是我最好不过的干粮。"

就这样，李石曾和这位后来被自己取名为"邵可侣"的地理学家成为无话不谈的契友。

李石曾有一次问邵可侣："你在餐厅主动问话，要是被拒绝了怎么办？或者你的话题被对方无视，你不觉得尴尬吗？"

邵可侣说："我的先哲告诉我，关系是悟性的结果。人是一个有感觉的生物，一个有思想的生物，人，只有特别感性才有实实在在的美。"

李石曾问："你的先哲是谁？"

邵可侣答道："狄德罗。"

邵可侣像，徐悲鸿画于1931年

"狄德罗？"李石曾顿觉一道神秘的闪电击中了自己的灵魂。

接下来的日子里，李石曾几乎每天都到邵可侣在巴黎的家中做客。邵可侣家中不可胜数的藏书，成了李石曾的私人图书馆。李石曾刚刚抽出培根的书要读，邵可侣说，不要读培根，他是一个泥脚的巨人。接着，邵可侣为李石曾抱来了一摞书。那些书的作者是李石曾之前闻所未闻的人物：服尔德（伏尔泰）、孔德、陆漠克……当然，还有最为李石曾动心的俄国贵族克鲁泡特金。李石曾第一次读完克氏的哲学著作《互助论》，不由得想起了在老家高阳祭拜实学大家李恕谷时，老师齐禊亭讲过的话："胼手胝足，则雄杰之余勇耳。"李石曾当晚便在日记里写下了这样的句子："无尊卑之辨，无贵贱之殊，无贫富之分，无强弱之别，无知愚之论，无亲疏，无爱憎，无恩仇，无利害。营营而作，熙熙而息，团团以居，款款以游……"

很快，李石曾在邵可侣的带领下，"款款以游"起来，卢浮宫、埃菲尔铁塔、凡尔赛宫……甚至跑到法国南部游了一圈。枫丹白露、木兰、孔福朗，一个个充满诗意的法国地名也被李石曾用中文译了出来。

李石曾与俄国贵族克鲁泡特金的学说一见如故，原因是他们都是各自国家里的贵族，以及两人都有一种与生俱来的忏悔意识。李石曾翻译的克鲁泡特金的《互助论》（部分）风靡一时，刊登这部译作的杂志《新世纪》被中国的知识青年追捧，《互助论》极大地影响了中国知识界。其后的"安那其主义""勤工俭学"等运动，无一不是在李石曾的介绍与推动下声震寰宇。几十年后，李石曾还托作家巴金续译他不曾译完的克氏《互助论》下半部分，一段文坛佳话在那个动荡的时代回响。

几年之后，还是在邵可侣的家里，李石曾第一次面见了被驱逐出国的俄国无政府主义的鼻祖——克鲁泡特金。

李石曾书法：博爱（左），互助（右）

邵可侣（左）与中国妻子、女儿

1921年，克氏辞世，李石曾专程赶赴俄国，送别他的精神导师。克鲁泡特金的遗孀和孩子被邵可侣和李石曾接到巴黎赡养起来。

1927年，后来成为著名作家的巴金旅居法国，与邵可侣相识。

1928年5月，在李石曾的鼓动下，邵可侣来到中国。他曾对朋友陈述来中国的理由："我认识了几个中国青年之后开始爱上那里的人民。那是个古老的国家，现代文明比我们落后。在这个意义上，去那个年轻的国家，帮助他们进行新的建设，哪怕做一点事，我也会感到幸福的。"他先后在上海劳动大学、南京中央大学、北京大学、抗战期间的云南大学和抗战后的中法大学、燕京大学教书，结识了许多有为的中国青年。他在南京中央大学任教时，与画家徐悲鸿家对门居住，往来频仍，还在徐家免费伙食。邵可侣1952年返回法国。

如果说无政府主义在中国成为一股思潮，在一段历史时期有着卓越影响，那是李石曾用劳动和人品一点一点培育起来的。须知，在那个精神极度饥渴的年代，中国人翘首企盼先进的思想观念，在马克思主义和共产主义理论席卷中国大地以前，以李石曾为代表的无政府主义思想和"博爱""互助"理念是中国人的精神标高。

中国豆腐在法国

　　四海之内皆兄弟。李石曾的思想意识在法国的每一天都在膨胀、发酵。就在他就读蒙达尔纪农业学校的一个普通星期天，他雇了一辆马车前往香湖温泉洗浴，又一个他生命中不可或缺的法国人物走进了他的生活。

　　由于自己患有皮肤病，李石曾特别喜欢洗温泉。恰巧在离蒙达尔纪小城不远处，有一处香湖温泉可供沐浴，李石曾是那儿的常客。前几天，李石曾在张静江的古董店里卖了一幅自己的画作，衣袋里鼓鼓的。整整半天

这些图书和杂志，由李石曾带去法国，其中有最早的《新青年》

时间的温泉沐浴，让他浑身通泰，之后他便雇了一辆马车赶回学校。那是一个傍晚，路上行人稀少。

马车到一个岔路口，被一个个头不高、其貌不扬但很壮实的法国小伙子拦住了。他热情有加地对慵懒地倚在马车上的李石曾说："朋友，我是一个大学生，巴黎大学法学院学生。今天，我回乡下看望我的奶奶，耽搁得久了。如果这样步行回巴黎就很晚了，我请求搭乘您的马车同回巴黎。如蒙允许，我将感激不尽。当然，我会付一些车钱。"

李石曾素来古道热肠，自然同意了他的请求。

这个巴黎大学法学院的学生是如此热情，他自我介绍叫穆岱（李石曾后来为他起的中文名字），已经拿到了毕业证书，正在寻找工作，他表示很高兴认识来自中国的朋友。马车到巴黎，穆岱准备下车。他说："我的口袋里只有五十个生丁。如果按照市价，把五十个生丁都付给你，明天我的早餐就没有了。朋友，我付给你二十五个生丁，怎么样？"

李石曾说："我也是一个穷学生，目前在蒙达尔纪农校读书。我懂得口袋里没有钱的滋味，我不会收你车钱的。"

二人越谈越投机。穆岱问起李石曾下一步的打算，李石曾说还没有考虑好。穆岱就建议说："来巴黎的巴斯德学院吧，巴黎大学的生物化学部就设在那里。那是全法国最好的生物学院，我和著名的柏尔唐教授非常熟悉，如果你同意，我愿意做介绍人。这样吧，明天在梅夫人沙龙，我引荐你和柏尔唐教授见面。"

巴斯德，柏尔唐，这都是在世界生物学界鼎鼎大名的人物。李石曾因为穆岱的关系，在沙龙里结识了巴斯德学院的教授柏尔唐。此后，李石曾从蒙达尔纪农校毕业后进入巴斯德学院，师从柏尔唐教授研究生物学。大豆——1740 年传入法国的中国大豆，在异国他乡进入了李石曾的视野。

巴黎中国豆腐工厂旧影

　　而李石曾和穆岱的友谊也保持了终生。穆岱后来成为法国著名大律师，并加入社会党，是著名的激进左派。李石曾事业发达以后，由穆岱介绍，和法国外交部及军方发生了后勤补给生意上的关系。由李石曾1909年创办的巴黎中国豆腐公司，向法国军方销售豆腐、豆腐乳、豆可可、豆腐丝等制品，以代替第一次世界大战前夕极度缺少的黄油面包，有一次生意额高达五百万元（法郎）。而李石曾为了穆岱竞选议员，也是倾囊相助，据豆腐公司财会人员李广安回忆，李石曾捐赠穆岱的竞选资金前后有三十万元（法郎）。

　　李石曾通过穆岱，通过邵可侣，后来又通过在豆腐公司基础上成立的中华饭店，结识了一批法国的名流俊彦，如赫里欧、达鲁弟、欧乐、郎之万等，在某种程度上搅动了法国社会政界、学界之风云。

大豆公子

不得不佩服李石曾超强的活动能力，还有那似乎永远不知疲倦的旺盛精力。

巴斯德学院门口的雕塑，曾令李石曾感动不已。那是巴斯德发明狂犬疫苗救助第一个被狂犬咬伤的儿童的情景再现，还有一尊雕塑是作家雨果。老师柏尔唐在显微镜前谆谆教诲李石曾："文学是法国文化的根，而生物化学是新时代最有前途的科学，我们法国学人把文学艺术与科学的结合，称为'真美同治'。贵国发达的文化和古老的生物物种，也应该真美同治啊！譬如，我觉得你屡次向我推荐的大豆，应该就是你毕生从事的事业！"

在柏尔唐教授的指导下，李石曾用法文写出了毕业论文《大豆》。柏尔唐看过书稿之后，惊喜地对李石曾说："公子阁下，贵国生物化学的新序幕将由你来拉开，请让我赠送你一个新称呼吧：大豆公子！"

从此，"大豆公子"的名称，李石曾被叫了一辈子。

趁热打铁，李石曾先后在实验室里用法国大豆做出了中国白豆腐，又通过改变酿造方式，增添食品色剂，制出了黑豆腐。他还在自己住处专门准备的水缸里，培育出了豆芽菜。看着自己的研究成果，他想起了他逃难回老家高阳、避居曲阳时所食用的白豆腐、黑豆腐，心里默默地升腾起一种强烈的信念：古老的家乡国度流传千年的生活方式，不能总是以积贫积弱、积乱积愚的形式存在，它们应该发挥自己的强大能量啊！而自己所做的一切，不就是开发那一颗大豆的功用吗？当天晚上，李石曾真的做了一个梦，梦见自己变成了一颗丰润饱满的大豆。

1930 年，李石曾发表《肉食论》

　　关于大豆的这个梦境，李石曾在法国，在故都北京，在上海，在南美乌拉圭，在台湾，曾向身边的人无数次讲过，他说："或许，我真的就是那颗家乡的大豆啊！"

　　在水缸里发出豆芽菜的当晚，他提笔给发小儿齐竺山、齐如山兄弟写了一封言辞恳切的信件，要他们速在国内老家高阳办起豆腐训练班，等待自己回国招股，接着，他狂喜地对齐竺山、齐如山写道："目下，豆腐在法有获利巨大之前景，豆腐必将是我们推翻腐朽政权、改良社会之武器，让我们一起完成我们少年时的誓言吧！"

　　李石曾在记忆中清晰地记得他成年后一次重要返乡。

　　父亲的灵柩安放在豪华的大轿上，京城最著名的杠行的几十位轿夫轮流抬轿。慈禧太后亲赐的玉镐在灵前引路，王爷衔贝勒载滢率领十几名卫队士兵护灵。出殡那天，高阳城内八个方向同时响乐，号炮连天。全高阳县的乡亲们都知道大名鼎鼎的李阁老今天下葬，但没有人知道真正的埋葬地点——因为怕被盗墓，只好选择秘密下葬。

几天以后的一个下午，李石曾在族弟李叔良和侄孙李子久的带领下，到父亲的墓地祭奠。他看到父亲的坟茔被包围在一大片有心形叶子的植物中间，便问族弟李叔良："这是什么庄稼呀？"

"黄豆。"侄孙李子久回答。

"就是磨豆腐的大豆吗？"

"是呀。五爷，你不是最爱吃咱们老家的豆腐吗？这就是磨豆腐的大豆啊。这叶子朝外鼓起来的是黄豆，凹着长的是黑豆，喂牲口的饲料。五爷，你走的时候给你弄点上等的黄豆，你回北京磨豆腐吃。"族弟李叔良说道。

"大豆、黄豆、黑豆……"李石曾一路咕哝着回到了祖宅。

也许就是在父亲的墓地里得到了某种神秘暗示，李石曾一生与大豆结下不解之缘。

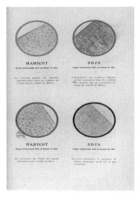

李石曾以法、中文先后出版的专著《大豆》

　　数年之后，法国巴黎的巴斯德学院，李石曾毕业时用法文写出了论文《大豆》，并在第二年出版。这是世界上第一部以化学方法研究大豆成分的专著。李石曾由此得出结论：大豆有着比一切动物食物更为优良的营养品质，他从此立志终身食素。中文版《大豆》于 1910 年在广州出版。

　　就这样，这位当年在东来顺一顿涮五盘羊肉的公子哥儿，竟成了后来世界素食组织的领导人。但他总是对他的学生和朋友这样介绍自己的素食观：我吃的是哲学素，不是简单的饮食素。我吃素为的是救国，我吃素为的是改造世界。

　　1908 年，巴黎中国豆腐公司应运而生。按李石曾的用意，开办豆腐公司，一是实验大豆的功能，一是实验勤工俭学的成功与否。

　　把历史的时针拨回一百多年前。1908 年夏天，已经在世界文明高度发达之地法兰西开启自己一生事业帷幕的大清王朝贵胄子弟李石曾，回国后再次踏上了老家高阳的土地。

　　庞家佐村，布里村，这是李石曾青少年时代曾数次踏足的村庄，而今它们又将在影响中国历史进程的留法勤工俭学运动中闪亮登场了。

　　李石曾从北京马不停蹄地来到庞家佐村、布里村，看望因密谋倒清运动失败而隐居在家的老友、同盟会员段子均。其时，李石曾刚从法国巴斯德学院毕业不到两年，打算在巴黎郊区开设一家豆腐公司，专门生产经营中国豆腐。正处在第一次世界大战前夜的法国民众缺少牛奶面包黄油，在特殊时期，洁白的豆腐为那个浪漫的国度提供了宝贵的营养。中国和法兰西因为高阳豆腐紧密地联系在了一起。

　　李石曾此次回国，就是要他的好友齐竺山、齐如山、段子均在家乡一带广招民工，前往法国做豆腐，做华工，做经风雨见世面闯世界的新民众。

正是由于李石曾和蔡元培、张静江、吴稚晖、齐如山、段子均等前辈先贤的实践和培育，中法两国人民在心理距离上空前地拉近了，从保定高阳的豆腐华工开始，先后共有十几万名中国人来到法国做工，并参加第一次世界大战的后勤保障和战地护理工作，这也是中国获得第一次世界大战战胜国地位的重要依据。李石曾论述中法两国友谊的言论，有这样的高妙之语："中国是东方的法国，法国是西方的中国。"

做着豆腐闯巴黎，这是那个刚刚睁开眼睛看世界的东方古国举国上下正在酝酿的时代大潮的先声吧。

段子均不顾母亲的反对，把祖上留下的布里村香油磨坊改造成了豆腐工坊，很快，"豆食工艺讲习所"在布里村办起来了。大家都是在家乡卖过、做过豆腐的高手，什么破料、推磨、吊包、点卤等都难不住这些手脚麻利的庄稼人。但培训班对一项工序特别重视，这就是卫生消毒。李石曾和段子均对工人的个人卫生和豆腐的消毒措施要求严格，甚至到了苛刻的地步。段子均和班主段宗桂每天要求工人们剪指甲、洗脚、剃头发，这使得布里村的"豆食工艺讲习所"，从一开始就有了不同于当地乡村豆腐作坊的气

《华工杂志》上刊登的豆腐公司招工广告

质与标准。而那场声势浩大的留法勤工俭学运动的先声，就这样从高阳豆腐培训班沉重的磨盘旁、简陋的生产工具旁兴起了。

经过短期培训后，这年秋末，李石曾与齐竺山带领五名高阳工人，由北京乘火车，又转搭俄国火车，经过西伯利亚，横穿欧洲大陆返回法国。巴黎中国豆腐公司建立了，齐家老大齐竺山担任经理。一年后，陆续又有高阳华工分陆路、海路，分期分批奔向"花都"（当时华工对巴黎的昵称），高阳县也由此赢得了"华工之乡"美誉。

看看这些粗手粗脚的高阳华工的护送人和同行者吧——齐竺山，齐如山，吴玉章，哪一个不是响当当的大家名流？他们纷纷放下身段，炊帚自持，与高阳华工一起谱写着中国历史文化的新篇章。看看豆腐博士李石曾做的这些细致的思想启蒙工作吧，他把勤工俭学的主旨和潮流发挥到了怎样的极致；想想这些给高阳华工上过夜校课程的文化名人吧：蔡元培、李石曾、吴稚晖、徐海帆、李书华，《修身》《美育》《空气对流与物理学》，这些课程，够新潮够高精尖吧？然而大家就是大家，艰深的课程被他们讲解得通俗易懂、深入人心，以至于几十年后高阳华工一提起此事，还踌躇满志，充满骄傲：我听过北京大学校长蔡元培、教授李石曾先生的讲课，待遇比得上北大的高才生！

就是这些泥脚杆子的庄稼汉，把中国人吃苦耐劳朴实勤奋的品质带到了法国巴黎，也把中国良莠不齐的民间文化带到了法兰西。这里面有京剧武术书法篆刻，也有麻将牌九押宝。单说一个赌博，这批高阳华工和其他后来陆续到达法国的华工，不仅带来了牌九、麻将，也把押宝、掷骰子的恶习传染给了一些法国工人。

李石曾深入华工宿舍，苦口婆心地劝解这些同胞要珍惜自己的血汗钱，不要过醉生梦死的生活。据一位高阳老华工讲述，李石曾劝解赌博华工的方式也很特别。有一次，李石曾来到华工宿舍，工人们正在全神贯注地推牌九，在打开牛子牌时还不忘念一句高阳当地流行的赌博谶语："袁世凯，李鸿藻，两位大人全来到。袁世凯啊李鸿藻，两位大人全来到！"原来，这些高阳赌徒把牌九中的"大天"和"地幺"代称为袁世凯和李鸿藻，意谓牌九中最大的牌，因为袁世凯和李鸿藻是清朝末年最大的官了。李石曾进到屋里，惊得大家一哄而散。

李石曾叫住大家说："李鸿藻是来不了啦，看看李鸿藻的儿子能顶些个他爹的事儿不？"说着，李石曾伸手摸过一把牌，三弄两弄，就摆列出了牌九中最大的点位排列：至尊皇上牌。跟在他身后的齐云卿、李广安大为惊叹："还真没见识过李五爷的这一手呢！"

李石曾说："当年，我跟着爹爹进宫，宫里的宫女、太监玩牌九都是一顶一的高手，我小时候就跟着父亲的跟班把这套牌技学得滚瓜烂熟啦！"说完，李石曾举起手里的牌九，跟那几位投过来佩服眼光的华工说："你们只知道推牌九，但你们晓得牌九是谁发明的吗？"大伙儿都说不知道。

李石曾说："是古时候的孙膑发明的牌九啊！"接着，李石曾就给大家讲起了中国历史："孙膑被同门师弟庞涓陷害，被挖去了髌骨，成了残废，被关进死牢，于是他整天在牢里琢磨事情。有一天，他发现一只蝎子围着他转来转去，就好奇地把蝎子捏起来，意外地在蝎子背部发现了一组奇怪的图案，就是今天牌九的花样。于是，孙膑借助伏羲画八卦、周文王演周易的方法，发明了牌九的玩法。后来，孙膑借助牌九环环相扣、冤冤相报的启示，在马陵道打败了庞涓。这是古代兄弟相欺、手足相残的故事，不值得效仿。咱们是穷苦工人，咱们得讲互助啊！只有互助互学、互相帮衬，才是咱们中国人的道理啊，才是咱们穷苦华工的出头之路啊！"

李石曾的现身说法深入浅出，打动了高阳的留法华工们，他适时地提出了"不赌博、不嫖娼、不吸烟、不饮酒"等多项修身行为，对华工严格要求。

这时，"勤工俭学"一词开始在华工中出现和传播。李石曾首创"兼工与学"，创办夜校，以提高华工的文化水平和工艺技能。他亲自编写教材，亲自讲课。受此启发，1912 年，李石曾、吴稚晖等人在北京发起成立留法俭学会，三年后进而发展成以"勤于工作，俭以求学，以（增）进劳动者之智识"为宗旨的勤工俭学会。

李石曾在法国生产出了中国最古老最时尚的食品：豆腐，此外还生产出了一大批土洋结合的食品怪物：豆可可，豆咖啡，豆腐干，豆腐丝。李石曾还发明了用钢磨粉碎大豆的技术，并为此申请了法国专利。但钢磨磨出的大豆豆腐却极易染上铁锈，洁白豆腐被锈得非常不雅洁。这当然难不倒生物学博士李石曾，他分析了铁锈的化学分子式，在豆腐制作过程中加入了电解质，不仅消除了铁锈（氧化铁），还使得豆腐更美味、更具洁白

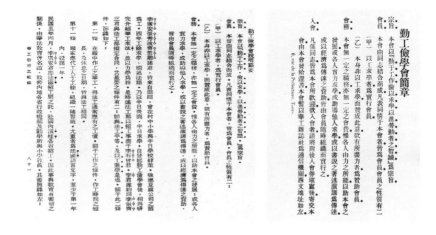

1915 年 6 月，勤工俭学会正式成立。图为《勤工俭学会说明节要》（左）、《勤工俭学会简章》（右）

1912年11月，第一批俭学生赴法前在北京燕喜堂聚餐，齐如山（第一排左一）带队，铎尔孟（第二排左六）任法语教员

1913年5月30日，第三批俭学生赴法，李石曾（第三排右三）、吴稚晖（第一排右一）、铎尔孟（第二排右二）在北京为学生送行

1910 年，李石曾（中）在夜校给高阳华工讲课

1916 年，华法教育会成立后，开办华工学校，第一批学员均为豆腐公司的工人。图为华
工学校开学时的情形，前排站立者为李广安（左）和李麟玉（右）

芬芳的特质。值得一提的是，英文的"tofu"汉译方法和法文的豆腐音译"tofu"，无一不是来自这位中国的"豆腐博士"李石曾。

李石曾还在《豆腐为二十世纪全世界之大工艺》一文中，极力推崇豆腐为替代牛乳之"极良食品"：

> 中国之豆腐为食品之极良者，其性滋补，其价廉，其制造之法纯本乎科学。……西人之牛乳与乳膏，皆为最普及之食品；中国之豆浆与豆腐亦为极普及之食品。就化学与生物化学之观之，豆腐与乳质无异，故不难以豆质代乳质也。且乳来自动物，其中多传染病之种子；而豆浆与豆腐，价较廉数倍或数十倍，无伪作，且无传染病之患。

1909 年 6 月，正在四处筹措革命经费的孙中山亲往巴黎中国豆腐工厂参观，李石曾以公司生产的豆制品款待。孙中山高兴地说："石曾先生，

高阳华工与当地法国人，1910 年代摄

法国卢米埃尔兄弟镜头中的李石曾（中）与齐竺山（左）、李广安（右），1911年1月
在巴黎郊区科伦布的豆腐工厂

你的豆腐可比法国的起司（法式乳酪）美味得多啊！”并对李石曾以科学
态度研究和制作豆腐的思路颇为赞许。孙中山在后来所著的《建国方略》中，
分别十二次提到豆腐与素食，其中《孙文学说》一书对巴黎中国豆腐公司
还有专门论述：

> 近年生物科学进步甚速，法国化学家多伟大之发明。巴斯德氏发
> 明微生物学，以成生物化学；高第业氏以生物化学研究食品，明肉食
> 之毒质，定素食之优长。吾友李石曾留学法国，并游于巴氏、高氏之门，
> 以研究农学而注意大豆，以兴开万国乳会而主张豆乳，由豆乳代牛乳
> 之推广而主张以豆食代肉食，远纾化学诸家之理，近应素食卫生之需，
> 此巴黎豆腐公司之所由起也。

琥珀白薯

豆腐公司开始了它的运营，"大豆公子"李石曾又快马加鞭在巴黎繁华的第六区蒙帕纳斯大街105号，开办了法国第一家中国餐馆——中华饭

1910年代中华饭店外观

店。李石曾请张静江为饭店书写了匾额，"中华饭店"四个大字金碧辉煌，里面的陈设以红色为主基调。特别吸引顾客的是此饭店的大厨高二庵先生——李石曾父亲的最后一任家厨，也就是光绪帝的御用厨师。李石曾专程往北京发信，高先生应邀乘船赶到了巴黎，李石曾为此付出五百大洋的旅费。这位高二庵先生做素菜是一流高手，来到巴黎更是把几手绝活儿——干锅白菜、素烧口蘑，以及李石曾手捧《红楼梦》、与之手把手创制的素蔬荤做的"红楼茄鲞"卖得风生水起。一

干法国政界、商界、学界名流纷纷以到
中华饭店就餐为时尚，总理白理安、议
长赫理欧、内政部长陶乃荣、里昂市长
雷宾和巴黎大学教授欧乐、柏尔唐以及
新晋物理学家郎之万等人，都成了中华
饭店的常客。

欧乐，时任华法教育会法方会长，是中
华饭店的常客

有一天，李石曾来到中华饭店，直
奔后厨。他找到高二庵说："今天，我
要宴请法国总理和部长，有要事相商。
光凭着白菜和口蘑对付不了法国人刁钻
的胃口了，咱们得琢磨琢磨新菜品啦！"

高二庵为难地说："五爷你一不吃肉，
二不吃鱼，你请客还不许我们杀生杀活
物，你说我们怎么琢磨出新菜品？"

李石曾说："法国人爱吃甜品，今天，我们就在糖上打主意！"

李石曾又把从豆腐公司调来的侍者齐云卿、李广安、杨梦游等一干人
找来商量，请他们把小时候吃的好吃的甜叶菜一一回忆出来。

齐云卿说："小时候，齐裸亭太夫子过年的时候，总爱给我们熬麦芽
糖稀蘸山楂，做糖葫芦吃，那可是小时候最大的美味呀！"

李广安说："你们庞家佐村的糖葫芦哪有我们辛冯庄村的白薯好吃。
我们村的白薯，那可是极讲究的啊！每年冬天，村里卖白薯的小商贩都这
样吆喝：辛冯庄的白薯，冰糖追的肥呀白糖培的埂，一甜一个大跟斗！"

李石曾接过他两的话茬："就把你们讲的麦芽糖和白薯联合起来，搞
一个'甜蜜沙拉'，大家马上就做！"

很快，来自中国皇宫的御厨高二庵亲自掌厨，来自中国农村的地道农民李广安、齐云卿准备食材。李石曾看着炒勺里熬就的蜜汁活色生香地浇入煮好的白薯中，立时来了灵感："我看这道中国菜，就叫'琥珀白薯'吧！"众人不禁欢呼起来："琥珀白薯！琥珀白薯！"

由此，中华饭店在以往素食大餐的基础上推出全新菜品——琥珀白薯和锅塌豆腐，一下子风靡了巴黎饮食界。

不要小看这道普通的琥珀白薯，它日后成为巴黎及至欧洲、美洲地区中国美食的标志。举凡巴黎的中国餐饮，像什么万花酒楼啦，东方饭店啦，都以琥珀白薯为主打菜。巴黎四大沙龙的女主人梅遂良夫人、戴芍甫夫人、杜珊娥夫人、杨思奇夫人都以到中华饭店一食琥珀白薯为时尚。世界电影发明人卢米埃尔兄弟在饱餐一顿琥珀白薯之后，和李石曾成了好朋友。卢氏兄弟还赶赴巴黎郊区科伦布镇，为豆腐公司拍摄了新闻电影短片《豆腐工厂》，时长近一分钟。一百多年后，在法国戈蒙帕提国家资料馆，这段

1911 年 1 月，一群来自河北高阳的华工出现在法国卢米埃尔兄弟拍摄的新闻电影中

拷贝翻拍一次的价格是八百欧元。

当然，李石曾的目的绝不是一逞口腹之欲，为了一道美味无比的琥珀白薯而就事论事，他一生的行谊和人生轨迹、奋斗目标无不是从一个小小的道具开始，他开创的每项规模宏伟的社会事业，都有一个类似琥珀白薯这样的小小的切口。

就在琥珀白薯的蜜色汁液和甜

1919 年 8 月，坐落于巴黎郊区的华侨协社成立

糯风味的浸淫下，留法勤工俭学会成立了，第一笔捐款就来自巴黎时尚沙龙的贵妇们。位于巴黎郊区浦安特街的三层大楼也被豆腐公司买下来了，李石曾将之命名为华侨协社，这里成了留法勤工俭学运动的大本营。在第一次世界大战波及法国的时候，李石曾带头组织起留法西南维持会，救济了大批中国留学生，而救济所用的每一个法郎都有琥珀白薯的功劳。在留法勤工俭学运动的困难时刻，学生们挤在狭窄的华侨协社内，他们所用的帐篷都是琥珀白薯的贵妇食客们捐赠的。华工夜校里的法文教材、法文教员，也都是琥珀白薯换来的友情奉送。1916 年，当华法教育会分别在法国、中国成立，成员不论是黄皮肤的中国人还是高鼻梁的法国人，都是巴黎中华饭店琥珀白薯的忠实拥趸。甚至当李石曾晚年居住在南美小国乌拉圭，乡思乡愁泛滥时，也无非是叫一生跟随他的高阳老乡齐云卿为他下厨做一道琥珀白薯。

琥珀白薯，一道中国名菜，在中国教育外交史上留下了它充满文化意味的热度。

一法郎换来的"殖民地"

　　1921 年，法国里昂，圣伊雷内堡——拿破仑兵营，李石曾花一法郎年租金从里昂市政府租来，名闻天下的里昂中法大学就是在此平地起高楼改建而成，占地约二百亩。当年，这笔交易完成后，法国当地的报纸曾这样惊呼：中国人花一法郎就在法国有了自己的"殖民地"！

　　留法俭学，留法勤工俭学，中法大学，华法教育会，中法协进社，中

里昂中法大学的男生宿舍（左）、女生宿舍（右）

法实业银行，世界电讯社……这一个个组织，一桩桩实业，一项项事业，实际上的运作者，核心只有一个人：李石曾。如果还要找几个周围的帮手和助理，就只有豆腐公司走出的华工代表：齐云卿、李广安、杨梦游。这几位与李石曾同样笃信"互助论"的中国青年农民，跟随李石曾，毕生辛劳，矢志不渝，襄助李石曾掀起了勤工俭学的热潮。

白手起家苦，空手建屋难。李石曾自打1902年赴法留学，以勤工俭学始，以实业救国继之，以沙龙革命为手段，以兴学树人为章法，以科教文化为桥梁，提出了"以共产主义和平等权利为基础的社会"。

李石曾在中国和法兰西两个文明古国之间，下了一盘很大的棋——"无尊卑之辨，无贵贱之殊，无贫富之分，无强弱之别，无知愚之论，无亲疏，无爱憎，无恩仇，无利害。营营而作，熙熙而息，团团以居，款款以游，是非大同世界乎！"

前一天，李石曾还在中华饭店里和赫理欧等法国政界要人谈论着华法教育会的相关事宜；第二天，他就来到杜珊娥夫人的沙龙，讨教有关法国鞋子的做法。因为他整天马不停蹄地跑进跑出，几乎用不了几天就穿坏一双鞋子，每天光是花在系鞋带、打鞋油上的时间就颇为不菲，为此，李石曾专门请杜珊娥夫人为自己设计一款没有鞋带的鞋，这样每天早晨出门"一脚蹬"就走。很快，杜珊娥夫人请巴黎著名的皮鞋设计师为李石曾设计了新的鞋子，但价码超出了市价。当李石曾跟人家讨价还价时，杜珊娥夫人不禁莞尔一笑，说："你能用

里昂中法大学学生证

1922年，里昂中法大学的中国女学生聚会，其中有后来成为著名画家的潘玉良（坐者右二），坐者右一为法文教员黄伟惠

一法郎租我国的一座兵营炮台建大学，却还为一双鞋子的价钱较真儿，公子真是圣人啊！"

从此，在中法学界，"李圣人"的名字不胫而走。

一法郎的中法大学，几十万法郎的华侨协社，几百万法郎的豆腐公司，都被李石曾用来襄助他的留法勤工俭学大业。从每年六百大洋用度的俭学生，到每年仅用四百大洋的勤工俭学生，再到每年花费不到三百大洋的华工学生，李石曾把在法国挣来的钱、讨要的钱、游说来的钱，把一切的钱都换成了两千名中国勤工俭学留学生的锦绣前程，铸成了近代中国打开文明之门的金钥匙！

李石曾（中间持帽者）与里昂中法大学师生在校园内，1930 年代摄

1932 年 8 月，程砚秋（中间捧花者）游历欧洲时访问里昂中法大学

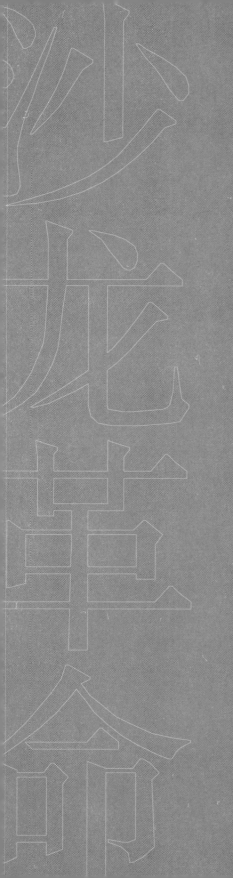

第三章

沙龙革命

是革命党，还是卓别林

法国巴黎达卢街 25 号。这是李石曾一生魂牵梦萦的地方。

历史记不清李石曾和张静江、蔡元培、吴稚晖这"四条汉子"在达卢街聚首的具体日子了。有时候，是蔡元培从德国来此小住几日，有时候是吴稚晖从英国来此徜徉数天。总之，这"四条汉子"选中这处楼宇，把它当成中国同盟会海外会员组织的一个中转站。孙中山也数次来这里小住。在这里，张静江出钱，吴稚晖刻版，李石曾、蔡元培撰稿的《新世纪》周刊，成了中国同盟会仅次于《民报》影响力的革命刊物。

李石曾，1913 年摄

说起《新世纪》，这也是"四条汉子"头脑一热的产物。尤其是李石曾，自从听了法国好友、地理学家邵可侣的鼓吹，对克鲁泡特金、蒲鲁东、巴枯宁、陆漠克、狄德罗的著作和学说佩服得五体投地。他游说其他三位兄长，成立了世界社。《世界社简章》的宗旨是"传布正当之人道，介绍真理之科学"，其奋斗目标是使"人人知世界、爱世界、行世界、成世界，亦可谓为人与世界，此乃世界社哲学或世界哲学最大之目的"，这也是李石曾毕其一生所追求的总纲。同时，他们要创办一份刊物以纪其盛，刊物的名字《新世纪》采用"新世纪七年"的用法，实际上是中文刊物第一次用公元纪年。这也是李石曾的主张。他说："我们用新世纪七年的年号纪年，就是和朝廷对立、决裂，本着世界新潮流，朝着世界大同进发！"

　　这个时期，是后来影响巨大的国民党"四大元老"的蜜月期。张静江管经营和财产，李石曾、蔡元培负责写稿，吴稚晖则发挥他的制版技能，把个《新世纪》周刊办得风生水起。就是一百多年后我们比较看，这些刊物也毫不逊色，不仅印制精美，甚至有彩色印刷的图文，从内容到版式，算得上同时期报刊的佼佼者。

1906 年，世界社和中华印字局在巴黎成立，陆续出版《新世纪》周刊和《世界》画报，宣传无政府主义和革命反清思想

　　可细细探究起来，这"四条汉子"还是有自己的侧重点和行事风格的：蔡元培的文章多是讲排满革命的大道理，一副正襟危坐的样子；而吴稚晖的文章则嬉笑怒骂、文思勃发；李石曾的文章呢，用他自己所取的笔名"真""真民"的口吻来说，则质朴不文，别有生趣。同是号召排满革命，蔡元培在那里大讲其道，吴稚晖滔滔不绝，而李石曾则翻译几句法文诗就四两拨千斤：杀一外国兵，不如杀一法国提督。

　　在《新世纪》的影响下，同盟会一批政客大佬纷纷前来投奔，其中就有后来与李石曾交集颇多的褚民谊和张继。

　　在巴黎达卢街 25 号世界社里，有革命背景的会议逐渐多了起来，时而有举行某次武装起义的高谈阔论，时而有为某死难烈士募捐的活动。但李石曾却在这里策划了几次别开生面的艺术沙龙，用他自己的话说则是"革命沙龙"。

　　这次李石曾请来的是闻名巴黎的"革命交际花"梅遂良夫人和戴芍甫夫人。这梅、戴两位夫人的中文尊号，都是李石曾取的，连法国巴黎"四大贵妇"的其他两位杜珊娥夫人和杨思奇夫人，也都被李石曾命了名。这四位贵妇，李石曾均以花木比喻，梅遂良夫人如莲花，戴芍甫夫人如牡丹，杜珊娥夫人如梅菊，杨思奇夫人如松竹。这四位贵妇的沙龙是李石曾和张静江、吴稚晖、蔡元培、张继、

中华印字局先设在巴黎，后搬到都尔

褚民谊等同盟会大佬经常光
顾的地方。今天，李石曾请
两位高贵美丽的贵妇人来到
达卢街 25 号，立即引起了一
干中国同盟会成员的欢呼。

李石曾安排豆腐公司的
齐云卿和李广安两位华工当
侍应生，用豆腐公司生产的
豆可可和豆咖啡当甜点。身
材高大、眉清目朗的张继非
常殷勤地跑前跑后，照顾着
两位贵妇。李石曾感叹道："真
是中国奇男子应着法国贵妇
人，天造地设呀！"

1934 年 1 月，李石曾（左二）与蔡元培（右一）、张
静江（坐者）及汪兆铭（左一）、褚民谊（右二）在上
海世界社

李石曾一向认为，中国男人和法国女人是世界上最多情、最勤劳和最
美丽、最贤惠的人种，他一生都在促进中法青年的交流和通婚。但他没有
预测到，正是他过于殷勤地把张继带入法国上流社会的交际圈，引起了张
继夫人崔振华"河东狮吼"般的愤怒，继而引发了民国年间最为轰动的"故
宫盗宝案"。此为后话。

单说巴黎达卢街这一次"革命沙龙"活动。李石曾拦住了张继和其他
一干人等急着要和两位法国贵妇跳舞的举动，郑重其事地对满屋人说道：
"今天的沙龙，不是为狂欢而来，不是为一醉方休而设。今天，我要和梅、
戴二位夫人为大家表演一出法兰西文明戏《夜未央》！"

原来，李石曾在举办此次沙龙之前，已将波兰剧作家廖抗夫的一出在

巴黎红透半边天的话剧《夜未央》翻译成了中文。今天的沙龙，把两位亦精于解读表演的贵妇邀请来，就是为了给大家现场介绍这出以"刺杀皇帝"为主要内容的戏，激发同盟会成员对暗杀活动的热情。

梅遂良夫人扮演俄国虚无党的著名女刺客苏菲亚，戴芍甫夫人手持剧本在一旁助演。李石曾则充当翻译，时而是沙皇的角色，时而是侍卫的角色，连比画带喊叫，把一个刺客为天下苍生，不惜孤勇潜行、无畏牺牲的故事演绎得生动传神，令人叫绝。

今天这群来自国内的同盟会会员，多数是从小耳濡目染吴侬软语、京昆生旦咿咿呀呀的公子哥儿，哪见过舞台上的唇枪舌剑、真刀真枪、鲜血流淌。不消说，这场大戏成为同盟会成员热衷暗杀，以个人或团体行为铲除清朝政要的一次启蒙行动。

从这次革命性的戏剧沙龙开始，同盟会暗杀部新鲜出炉。此部名义上的部长叫杨禹昌，幕后推手却是李石曾。革命党回国后，操作了一系列影响深远的刺杀活动，都与李石曾密切相关，像刺杀袁世凯，炸掉良弼，刺杀摄政王载沣，都有他背后运作的身影。连炸弹的配制、运输、试验，都是李石曾在暗地里操持，甚至在段子均北京家里的田地里出过一次重大事故，一颗炸弹在试验时突发爆炸，把跟随他多年、来自高阳的做鞭炮高手王崇义的眼球当场炸掉了，差点也伤着李石曾和段子均。而后几十年的时间里，李石曾一直记挂着王崇义，他把王崇义安排在自己创建的北京西山疗养院当门房，让他在此终老一生。

暗地里刀光剑影、腥风血雨，表面上却风光无限、风流潇洒。李石曾当得起是大英雄自风流的褒扬。前台安排刺杀，热血流干，后台却张罗着戏剧革新，醉心艺术。

宣扬刺杀的三幕剧《夜未央》是李石曾翻译的第一个剧本，写的是俄

国虚无党著名的女英雄苏菲
亚暗杀沙皇的事。译文是当
时流行的半文半白。李石曾
不仅翻译了场景描述，还翻
译了舞台指示，光这指示就
有二百多页。

　　1908 年，李石曾又翻译
了法国剧作家蔡雷的剧本《鸣
不平》。这是一出社会讽刺

《夜未央》原版插图

喜剧，原名《社会之阶级》，剧本通过社会上对于因不同职业而区分贵贱
及其不同态度——鄙视和骄傲，讽刺了社会上的不平等现象。当 1906 年法
国昂端剧院上演此剧时，李石曾招呼自己的一干革命党战友，亦亲临剧院
看戏。李石曾写文章记录下这样的盛景："此剧连演数周，每夜座客充塞，
车马阗溢门外"，可见此剧受社会欢迎的程度。李石曾有感于当时中国门
第观念之深、社会不平等现象更为严重，亦出于"开启民智""有功社会"
之意，翻译了这出讽刺喜剧，用心之善，灼灼可见。

　　李石曾还在文章中把中国传统戏剧和当时刚刚兴起的新剧做了深刻比
较，表达了他对文化间交流的看法。在他看来，中国戏剧形式过于简单、
肤浅，男女不能同台演出不可思议。他提出，"中国演西剧，不必一定要
用西国衣冠……不一定要用纯粹的西装与完全的西式"。他在观看《鸣不
平》时，在剧院看到一个穷妇人如何与一个贵夫人"寒暄"，而贵夫人"乃
与握手尽礼，倍极温婉"，李石曾认为，这"皆为剧台上挥发性之刺激力
所摄制……可见人不正常之阶级，而一经闲闲着笔……无有不引起各人良
心的内疚者"。因此，李石曾认为，这部话剧"有功社会，非徒娱乐都人

士女之良宵而已"。

可以说，李石曾是中国翻译近代西方戏剧第一人。

李石曾还与法国音乐剧大师拉洛伊（Louis Laloy）是好朋友。他们相识在 1906 年的巴黎，交往密切，李石曾为他起了中文名字"鲁洛"。曾经学习中文的鲁洛对中国文化特别着迷，于是，李石曾把中国的一些戏剧推荐介绍给他，鲁洛先后翻译出版了中国元曲四大家之一马致远的《汉宫秋》和《黄粱梦》，并在序言中向法国学者讲述了源于 13 世纪初的中国戏剧史，首次介绍了王国维对中国戏曲的贡献。

1932 年，程砚秋送李石曾（煜瀛）旅欧考察时的签名照

可以说，中法戏剧交流也是从李石曾开始的。他确信戏剧对社会的巨大影响。

1931 年，李石曾在上海迎接了到访的鲁洛，并陪同他专程到北京拜访了京剧名伶梅兰芳。

1932 年，程砚秋到欧洲考察戏剧与教育，在巴黎受到了鲁洛的热情接待。

进入民国后，李石曾有了在戏剧改良方面的话语权，1930 年，身为中法教育基金会中方主席的李石曾，用退还的庚子赔款中的部分经费，创办了中华戏曲音乐院，下设北平戏曲音乐分院、南京戏曲音乐分院。北平分院由梅兰芳任院长，齐如山任副院长。南京分院设在北平，由程砚秋任院长，金仲荪任副院长。中华戏曲音乐院包括四个实体，其中有北平戏曲专科学校，后改称中华戏曲专科学校，还有戏曲音乐研究所和出版部，编辑出版《剧学月刊》。李石曾拨发庚款十万元，资助程砚秋赴欧洲考察戏剧与教育，连他家乡高阳的昆弋戏班，都被他动员起来，赴日本演出北方昆曲。中外文化交流，是李石曾一生热衷的事业。

当年，法国贵妇沙龙的女主人梅遂良夫人曾这样问李石曾："李先生，你究竟是一个革命党，还是一个戏剧家呢？"

李石曾拍拍腰间的中式腰带，又抻了抻西服上衣的领结，幽默地说："我是 Charles Chaplin——中国的卓别林。"

棋罢不知人换世

1911 年秋末的一个上午，正是北京城最美的季节。西镇江胡同 29 号义兴局内，一间中式摆设、古意盎然的书房里，一盘黑白棋局正逢对手，鏖战正酣的围棋棋局正走到局间。紫檀棋盘两旁的主人，一边是一袭朝服正装打扮的公子王孙，他就是京城无人不知无人不晓的清廷内阁总理大臣袁世凯的长公子袁克定；另一边的棋手则是西装革履，腰间却系了一条中式腰带的前朝军机大臣李鸿藻的公子，暗中为同盟会革命党骨干分子的李石曾。他们中间站立着袁克定少年时的私塾业师，李石曾父亲的殿试门生，李石曾的大世兄、忘年交严修。严修是这场关乎中国命运走向的棋局的牵线人。

袁克定（1878—1958）

正是在这场棋局的间隙里，袁克定代表他的老爹袁世凯向同盟会革命党亮明了自己的政治态度，也提出了在南方的北洋军与武昌暴动的革命党的停火问题。双方谈得很投机，一局棋走得也很顺畅，袁克定一路攻掠，李石曾步步设防，但最后李石曾并未投子认输，而是顽强地保住了自己的两个底角，做活了"气眼"。

李石曾恭维道："袁大公子棋力超群，有股子杀气腾腾的气焰啊！古人云，大地为棋星坐子，谁人敢下。当今袁氏父子乃天下英雄，更当念天下苍生啊！"

袁克定说："五少爷承让了！听京城少叔大人的话，您这话里有话啊，莫非您指的是南边的战事？"

李石曾说："正是。不瞒公子，吾辈在法国，已投身同盟会，以驱除鞑虏、恢复中华为己任。现如今我以京津同盟会盟主的身份同公子对话。受吾盟委派，与公子就南北议和事具体说项。"

一场没有硝烟、没有炮火，却沥满鲜血、纷披生命的谈判在黑白二子之间展布。李石曾和袁克定各施绝技，舌灿莲花，诸如革命党承诺袁世凯在帝制结束后担任民国大总统，南北军方议和等军国大事，都在这次手谈中定下了基调。

李石曾以一介布衣，为民国肇造，立下了旁人没法做到的头功。

就在这次手谈结局之后，李石曾、袁克定约定待帝制推翻，民国成立之后，二人再行黑白手谈之雅。

李石曾的围棋技艺其实很高，远在袁克定棋术之上。他的围棋老师是儿时家里的老管家杨斌。杨斌曾做过县令，六艺皆能，正是所谓"宰相门前七品官"，后来在李鸿藻大人家里当管家，很是为李家的兴盛做过几件相当得力的大事。诸如李鸿藻晚年督修黄河大堤，仆人们最后都跑掉了，唯独杨斌勇于赴事，一人南下，照顾李鸿藻老大人体面归来。杨斌不仅从小便负责李四爷焜瀛、李五爷煜瀛的学业功课，还教得二人一手独到的围棋棋艺。

之所以这么重点地介绍李石曾的手谈功力，是因为李石曾的两盘棋，曾经改变过近代中国的走向，或者说：一局围棋定天下，万千苍生得命全；棋罢不知人换世，以和为贵弭硝烟。

1911年夏，李石曾和汪精卫、张继等中国同盟会的头目纷纷回国，12月即成立京津同盟会，亦称同盟会京津保支部。北方的革命情势一下子热火朝天起来，与南方的革命军遥相呼应，大清朝顷刻间分崩离析。

京津同盟会是怎么运作的呢？说来令人咋舌。李石曾、汪精卫他们回国的时候，连个落脚地都没有，以至于汪精卫为首的刺杀小组不得不寄居

1906年，李石曾（前排右二）在法国，同年加入同盟会

在一个照相馆里，李石曾的办公地点则设在齐家的义兴局。这个位于皇城边上的义兴局目标太显眼，平常它是北京城里的一个交际中心，民军革命党方面经常有人出入，袁党分子亦有人来此窥探，保皇派也不时有头面人物在此聚会。李石曾在京城八面玲珑，往往是今天刚刚出席了朝廷大员的某次宴请，晚上就和段子均、王崇义、郑毓秀等同盟会同人大造炸弹。不久，汪精卫谋刺摄政王载沣事情败露，李石曾敏锐地感觉到，在义兴局里开展谋刺工作危险太大。

好在李石曾在天津还有一个家，法租界的岳父姚家当然是他的一个重要据点，但李石曾不满足于此，他的发小儿、同盟会战友王法勤正在和高阳同乡阎凤阁帮着清廷搞君主立宪曲线救国，成立了一个直隶谘议局。李石曾不费吹灰之力，就把京津同盟会的大本营扎在了清政府谘议局的官衙里，名义则是李石曾拿出夫人姚同宜的私房钱六百大洋，成立了一家《民意报》。报馆，电台，京津同盟会的总务部、暗杀部一干机构都搬进了直隶谘议局里。

在同盟会革命党推翻帝制的全国棋局里，李石曾是一颗举足轻重的棋子，是同盟会革命力量构成中重要的一极。

李石曾前脚和袁克定下着围棋，后脚就分发炸弹。他们炸死了清廷最大的保皇派人物宗社党领袖良弼。很快，隆裕太后同意皇帝交出皇位，还政于民。中国近两千年的封建帝制在相对和平的范围内实现了嬗变和更替。

革命党李石曾和袁世凯的大儿子袁克定之间的第二局黑白之弈很快也来到了。同样是在义兴局内，同样是双方的严师益友严修从旁佐证。

这次，李石曾的旁边站定了一位英姿挺拔的青年才俊，只见此人两眼炯炯冒火，浑身喷发着青春刚猛之气，他注视着袁克定。

袁克定问李石曾："这位青年才俊者谁？凛凛之气周身在啊！"

李石曾介绍说："这是现任临时大总统府秘书，革命党的一员闯将……"

青年不待李石曾说完，抢先回答道："我的名字叫废皇，就是废掉皇帝的意思！"

也许是受了青年一席猛言的影响，袁克定的这一局棋三下五除二就败下阵来，而李石曾的棋力也不似上一盘的棋局那么以防为主，他是当进攻则进攻，当屠龙则屠龙，把个"大太子"弄得有点下不来台，老早就投子认输。

袁克定说："少叔大人先生足下，此局奈何与前局相差如此之大耶？"

李石曾笑着回答："此一时也，彼一时也。公子有所不知，棋局乃命局，这次煜瀛不揣冒昧，速胜公子一局，是想请公子转告慰廷大人，民意永远高于皇权啊！"

我的名字叫"废皇"

来看看李石曾京津同盟会的一干战友吧。

汪兆铭、张继等头面人物自不用说，且看这一个个日后均名闻一时学有所成的时代闻人吧。

谭熙鸿。汪精卫的连襟，他的革命热情一点也不比他的姐丈低。这个后来和李石曾一起创建了北京大学生物系的革命先进青年，还是一个电报发烧友。南方革命党和京津同盟会的电文往来，均由谭熙鸿完成。连孙中山就任临时大总统的电文，都是南京方面先拍给李石曾主办的《民意报》，再交由谭熙鸿译出来的。

梁漱溟。这个面容古板的叛逆者，也是李石曾京津同盟会的战友之一。李石曾把梁漱溟聘为《民意报》的记者，一篇篇战斗檄文均出自梁之手。梁漱溟后来深受李石曾影响，坚决反对暴力革命，主张中国的出路在乡村建设。

张竞生。中国性学研究的开山鼻祖，也是李石曾战斗小组的一员大将。

汪精卫刺杀摄政王入狱，李石曾曾命张竞生营救，并亲派张竞生迎接汪精卫出狱。南北议和，李石曾派张竞生担任代表团秘书，此举对伍廷芳、汪精卫等人的决策帮助很大。

值得说明一下的，这一干京津同盟会的奇怪组合，几年后就是北京大学的教授团队，所谓"兼容并包，思想自由"政治学术理想的渊薮，是一个缩微版的现代化"小中国"。

李石曾在这个影响当代中国走向的历史氛围的创建中，始终是一个重量级人物的存在，哪怕他的头上还罩着个蔡元培。校长蔡元培，教授委员会的真正掌舵手李石曾，实际上是那块时代大幕的共同拉幕人，只不过以"官本位"的地位来论，后来者多数看到的是庙堂之上的蔡元培，而对视官职如敝屣的李石曾，史家多视而不见，或者干脆就不愿看见。在一个全国闻名的留法勤工俭学博物馆里，一位以研究留法勤工俭学史专家自居的专家，居然还对李石曾在北京大学的教职存有异议，还说，留法勤工俭学运动的第一发起人应为蔡元培。割裂的历史，尘封的岁月，依然如砂砣般压在历史的天平上。

刀光剑影之间，李石曾有一种大英雄自风流的潇洒。譬如他给同僚们的命名捷才，给后人留下了无限的遐想。

朱蒂煌（右一）、朱广相（左二）、朱广才（左一）三兄弟，1930 年代于北京

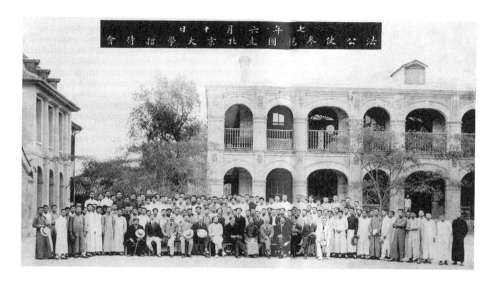

1918 年 6 月 10 日，蔡元培（前排坐者右六）、李石曾（第二排站立者中）、铎尔孟（前排坐者右八）、贝熙业（前排坐者左四）、圣－琼·佩斯（前排坐者右三）在北京大学迎接法国公使

1918 年 12 月 20 日，李石曾（前排右五）在北京大学生物学系任教期满后，蔡元培（前排右六）为他送别

李石曾和袁克定赌棋时站在他们身旁的那个同盟会青年才俊，名叫朱戬华，是四川江津一个酿酒作坊主的儿子。在日本读书期间，他是少有的同盟会激进分子。加入京津支部后，他与李石曾情同莫逆，无话不谈，很是投缘。李石曾推荐他当上了南京总统府的秘书，委任状为第一号，但他却不愿在衙门里做事，跑到天津找李石曾搞刺杀、上前线。他见到李石曾时第一句话就是："石兄（朱对李一生的尊称），从今天我加入组织暗杀部始，我的名字就改叫朱废皇啦！舍得一身剐，要把皇帝拉下马！"

李石曾笑道："就你这个名字，不用报号，就叫官府和巡警盯上啦！"说着，李石曾取过纸笔，信手写下两个大字：芾煌。李石曾充满激情地说："芾者，草木茂盛也；煌者，火光冲天也。我们革命，要火光冲天，更要草木丰美茂盛。暴动，原是为了和平！"

于是，朱戬华，朱废皇，被李石曾大笔一挥变成了朱芾煌。

朱芾煌带着袁克定的亲笔信，跑到河南项城，拜见了袁世凯；朱芾煌又携带袁克定的亲笔信，在武昌前线，冒死见到了冯国璋。朱芾煌穿梭各派别政治、军事势力之间，长袖善舞，左劝右说，充当中间调和人。接着，孙文退位，袁氏受推，南北停战议和的大船，驶入了平缓的河道。

"出生为废皇，冒死为共和"的朱芾煌，可谓辛亥革命成功的幕后英雄。

李石曾，朱芾煌，这两位革命党大佬背后的大佬，当革命的火光冲淡之后，又一一褪下了

朱芾煌任总统府秘书员的委任状

神圣的光环，走入下一站——社会革命实践，在这股热潮中兴学办学，提倡教育，弘扬文化。

朱芾煌在"废掉皇帝"之后，在中国海关得了一个"肥缺"：海关监督。他每天经手的钱财数以亿万，但这些钱都被政府和军阀征了上去，用于军费开支。突然有一天，朱芾煌脱下海关制服，跑到北京来寻李石曾。当他见到自己的革命领路人后不禁号啕大哭，哽咽着说："石兄，我怎么也想不到，我们满腔的革命热情，换来的是几枚叮当作响的洋钱啊！"

从此，朱芾煌辞官不做，跑到北京，和李石曾一起搞起了留法俭学会，大力提倡组织中国学生赴法留学。朱芾煌一口气把他的两个妹夫、三个弟弟都带出了老家四川，送往法国分别学习数学、医学、建筑、化学。可以说，李石曾和朱芾煌共同的科教救国的人生志趣，是他们用行动弹奏的最和谐的乐章。朱芾煌成为李石曾开拓留法勤工俭学运动最得力的干将。

日后，李石曾将自己的掌上明珠李亚梅许配给了朱芾煌之弟朱广才。此举为李、朱战友之谊、知音之情写下了近代史上最深情的段落。

民国后期，李石曾游学世界，鼓吹他的《世界学典》编纂计划，中国大百科全书的超级工程眉目已出。而朱芾煌诸学皆弃，唯独于佛学精研堂奥，编写出了洋洋三百万言的《法相辞典》。李石曾每回到北平，必邀朱芾煌见面，两人相谈甚欢。那时候，李石曾正在为北平研究院这座中国第一所科技殿堂盘锅砌灶，招兵买马，忙得不亦乐乎。

朱芾煌（1877—1942）

他们见面谈些什么呢？

李石曾说："我在北平研究院生物部里有一个规定，决不允许他们借研究之名杀生。研究海洋生物，他们要杀鱼取卵。我问他们，海带海藻不是海洋生物吗？缘何非得要杀生？"

朱芾煌对李石曾说："小儿腹病，医谓有虫，若不以药下虫，则谓疾视其子之死而不救；若救子病，势必杀虫。二者何以兼顾？又推不肉食主义，则应绸衣革履不可穿，肥皂洋烛不可用，一切发酵之物不可食，乃至茶水不可饮。闻香片等茶，曾由猪油熏治，油漆之屋不可居（颜料中多加猪血），即素餐之色亦不可用（以素菜中多调'味之素'，此物是荤）。总而言之，既处又荆棘难行。出家人远离尘俗，或可屏除。在家人未免应酬，何以善处？"

他们互问互答，他们一生也没有找到这些问题的答案。李石曾为朱"废皇"改名，朱芾煌则为李石曾命名"石僧"。他们入世大闹一场，他们出世则绝不留恋红尘。面对功名利禄，他们的身影那么孤傲。面对世事纷扰，他们的回答那么轻巧又那么决绝。

1931 年，李亚梅与朱广才结婚照

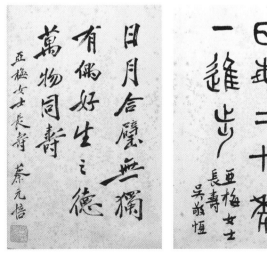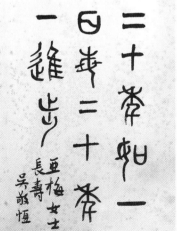

蔡元培、吴稚晖题李亚梅生日册：日月合璧无独有偶，好生之德万物同
寿（左）；二十年如一日，每二十年一进步（右）

"八不会"

辛亥革命胜利了，皇帝被赶下了台。南北议和成功了，袁世凯忙着分封诸侯。李石曾被袁世凯亲自召见，许以驻法国公使的高职，并请他进入内阁。李石曾当面就回绝了，说："慰廷大人没听说过永不当官的五公子吗？"

机智聪明如袁世凯者也就就坡下驴说："我能猜透京城少叔五公子的心思。是不是先父兰荪老大人把朝廷的官都当到绝顶了，五公子才无意仕途啊？"

李石曾说："欲输世界文明于国内，必先首重于教育。煜瀛很愿意为中华教育事业奔走一番！"

袁世凯说："和孙文先生一样的心志可嘉。他办铁路，你办教育，我看振

袁世凯（1859—1916）

兴中华大业可期呀！"

　　有了袁世凯、孙中山二位大总统的
加持，李石曾的教育文化大业一下子天
地开阔了起来。

　　同盟会大员们都在等候分封行赏，
李石曾却在迎袁专使团的轮船上，就展
开了"八不会"的倡议和行动。那些辛
亥义勇之士都还带着满身的硝烟，而李
石曾就欲畅饮新的社会风尚的醇醪了。

　　"八不会"是俗称，全称"进德会"，
这是个在民国历史上影响很大、意义深
远的社会文化组织，也是新思潮与旧文
化结下的一个时代的新胎。

李石曾，约 1912 年摄

　　1912 年新年新春。招商局最新式最豪华的轮船新铭号起锚北上，李石
曾亦在此船之上，与"迎接袁大总统南下就职专使团"的诸位民国大佬蔡
元培、张静江、吴稚晖、汪兆铭、张继、宋教仁等同居一舱，大家相谈甚欢。
张静江是个烟鬼，总在客舱里吞云吐雾。李石曾和张夫人抢了他的烟具，
说："不如就在这船舱里，定一个社会改良的总章程吧！"李石曾说干就干，
一个晚上就在旅馆里写下了进德会的章程。第二天，大佬们都还在为进京
后的仪式和迎使议程而争吵，李石曾却不合时宜地拿来他的进德会倡议书。
进德会分甲、乙、丙三类会员，一种比一种要求严格，而李石曾自己主动
列入丙级会员。文曰：

　　　一、亡清之腐败，积社会之腐败而成。腐败之原因虽种种，而亦
　　　自有其最普遍之约言者在焉。即"吃花酒""斗麻雀"，加之以"讨

小老婆”是也……

一则吾人素不能谢绝恶缘者，亦可于外缘相扰之时，以已经入会之片言，简单拒绝。会约三条如左：不狎邪，不赌博，不置妾。（甲）乙部特别会员再加之不做官吏，不做议员，不吸烟。丙部特别会员会约再加之不饮酒，不食肉。

……………

许多民国大员对李石曾的倡议付之一笑。袁世凯的谈判代表还笑话说：“虎狼屯于阶狉，尔尚谈因果。”

不幸而言中，迎接使团刚到北京，军事政变就发生了。袁世凯唆使曹锟派兵入京袭扰，拒不去南京就职，李石曾只得带着迎使大员们狼狈地自饭店越墙而逃。对争夺地盘大位的双方政客们来说，李石曾的“八不会”几乎成了一个笑谈。但几年之后，几十年之后呢？

1918 年，北京大学校长蔡元培力倡进德会进校园，李石曾随之把进德会的升级版“社会改良章程”塞了进去。这个社会改良章程，居然有如下的条款：提倡个人自立，不依赖亲朋；实行男女平等；提倡少生儿女；承认离婚自由，承认再嫁自由，不得歧视私生子……

进德会也好，社会改良章程也好，李石曾是毕其一生遵守丙级会员戒条的有始有终者。蔡元培最后开荤戒，名义上是身体营养缺乏，遵医嘱而吃肉，但内情呢，是不是对进德会的心理背叛？

两千学子放洋记

邮轮西向，中国青年学子青春的热血在大洋上奔涌。这是李石曾"沙龙革命"鼓荡起的最波澜起伏的时代潮流吧。

这股新潮流中最激情澎湃的那簇浪花，当然是中国近代史上伟大的历史进步运动——留法勤工俭学运动，一场由李石曾率先发起，并为之命名，他的子侄战友同好最先投入其间的睁开眼睛看世界的时代大潮。那个热血激荡的年代，几乎所有影响中国当代历史的人物都或多或少地参加了这一场声势浩大的教育革新运动、社会革命运动，其中甚至就有新中国成立后第一代领导集体中的五人：毛泽东、周恩来、刘少奇、朱德、邓小平。

李石曾，1918年摄

20 世纪初法国南部重要的港口马赛，绝大多数的中国勤工俭学生从这里踏上了"自由、平等、博爱"的法兰西国土

　　毛泽东虽未赴法，但他却是在留法勤工俭学运动中参与筹备、身体力行的青年领袖之一。朱德虽未留法，但他在留学德国期间与留法的"少年共产党"成员联系广泛，是中国共产党旅欧组织的重要成员。刘少奇就读于育德中学内的保定留法勤工俭学预备培训班，这成为他一生铭记的求学经历。请记住这些中国共产党的早期著名人物吧：蔡和森、赵世炎、向警予、李富春、蔡畅、陈延年、陈乔年、李维汉、傅钟、何长工、王人达、尹宽、郑超麟、李慰农、任卓宣、袁子贞、熊雄、熊锐等。当年，他们赴法勤工俭学的船票和介绍信担保书上，都签着一个人的名字：李煜瀛。

　　李石曾创办的华法教育会一上来便先声夺人，向法国当局提出了四项条件：一、工价与法人平等；二、所招之工须选其有知识而无恶习者；三、招工之手不经手川费与工价；四、须设工人教育。

1910 年，中国留法学生萧子升（最前排侧坐者）、蔡和森（最后排右二）、蔡畅（最后排右一）、向警予（前排站立者右一）在蒙达尔纪公园聚会

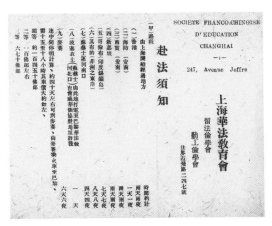

由上海华法教育会、留法俭学会和勤工俭学会共同发布的赴法须知

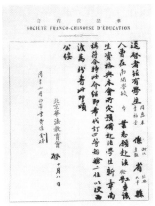

华法教育会为周恩来等人留学法国开具的担保函

这份合情合理、目光远大的招工合同，无疑主要出自李石曾之手。在以后的华法教育会也好，留法勤工俭学会也好，所有出自李石曾之手的招生启事、文告、说明文字等，无不与李氏文风一脉相承：充满良性互动，文字简约而温馨。正如他为华法教育会制定的宗旨："在发展中法两国之交通，尤重以法国科学与精神之教育，图中国道德、智识、经济之发展。"

华法教育会则把成立此会的目的做了进一步的概括："一曰扩张国民教育，一曰输入世界文明，一曰阐扬儒先哲理，一曰发达国家经济。"

李石曾是 20 世纪初叶许多推动历史进程的时代用语的创造者，他最著名的发明就是"勤工俭学"。

1917 年夏天的一个傍晚，李石曾的老家高阳县布里村的男女老少纷纷传言：在法国做豆腐的李老五又来招华工啦！

那是一个大雨滂沱的不眠之夜，猛涨的潴龙河水又有决堤之势，然而夜宿段子均家的李石曾却看到了一个奇怪现象：刚刚从堤坡上打桩防汛归来的几个庄稼后生，居然提着灯朝邻居段琴舫家走去。

那里有一所大屋，灯影憧憧，书声琅琅，段子均正在讲台上开讲"天地玄黄，宇宙洪荒"。李石曾走进院里一看，屋前挂着段子均题写的匾额：半夜学堂。李石曾对闻声出来迎接的段子均说："你们村文风很盛啊，高阳、布里又有许多华工，他们不仅出洋见过世面，还是唾手可得的法语老师。干脆，就像当年咱俩办豆腐

高阳布里村"半夜学堂"旧址

训练班一样，先在你们村办一个留法预备学校吧。"随后，李石曾走上讲台，向布里村的青壮学生们讲起了法国见闻。当讲到法国的农民不是靠天吃饭，他们有先进的浇灌排水设施，用电用机器浇地时，一个小伙子站起来说："我愿意跟着李先生去法国学用机器浇地。"

李石曾此行目的，本是在直隶省府所在地的保定育德中学开办留法预备班，却歪打正着地先在布里村——他兴办巴黎中国豆腐公司的发迹之处，办起了中国教育史上独一无二的"留法工艺实习学校"。

当夜，李石曾就在段子均家的客房里写就了给北洋政府教育部的呈请：

具呈人李煜瀛等为设立勤工俭学会预备学校请予立案事。窃维我国今日实业教育实为当务之急，而所重者又不仅在厚资大业之经营，其小农小工之职业教育与普通社会尤有密切之关系。近来赴海外之侨工日多一日，若能先与以相当之教育始渡重洋，俟其返国所益于国民生计智识者必多。职此诸故，前与同志在法国组织勤工俭学会，近将于中国各省组织该会预备学校，以为以工求学之预备。其详细情形另见说明书。附呈鉴核，敬乞准予立案，实为公便。特此敬呈。

李石曾洋洋洒洒一挥而就，留法勤工俭学的新学之风，就从布里这个北方偏僻的乡间小村迅即吹向全国。

布里留法工艺学校初建招生，李石曾亲临视察。他不管北洋政府教育部什么规定，自己制定了一套考试办法。如考体育，他就在段子均家的打麦场上戳了两根木头桩子，用两只土篮装满土，考生若能两手提着土篮绕着木桩走上一圈即为合格。布里村的段润波个子矮小，李石曾瞧不起似的说："你这么个小咯嘣豆也想去法国留学？"段润波说："李先生的个子还不如我高呢！个儿小怎么了，金刚钻虽小能顶千斤。"事后，段润波想想自己顶撞了李先生，觉得自己肯定不会被录取了，但第二天一发榜，第一名就是段润波。李石曾说："敢顶撞我的人，到了法国肯定是把做工的好手。"

一个月后，学校招收了第一期学生五十多名，大多为高阳县及附近的学生。李石曾就地取材，借用本村段宗桂家的南院为校舍，段哲人家的几间房做学生宿舍，校门北侧挂上了写有"留法勤工俭学会初级预备学校"毛笔字样的长条木牌。学校就这样建起来了。由于人多、教室少，学生上下午分班上课。主要学习法文，由从巴黎豆腐公司回家探亲的齐连登、张秀波教课，段其光担任几何制图教员。齐连登还兼任干事，另安排了多名文化课教员。学生们受到了赴法前的职业训练和文化培训。

到了第二年，报名要求入校做赴法预备的青年学生一下子增多。学校校舍长期借用民房，既不方便，也不够用；实习工厂因为没找到合适地方也迟迟未设立，致使学生无法进行工艺实习，达不到学习工艺技术的目的……扩建学校迫在眉睫。李石曾找到已是北京大学庶务科科长的段子均

高阳布里村段宗桂家南院的布里留法工艺学校旧址　　　　布里留法工艺学校简章

1917 年，布里留法工艺学校第一期毕业合影，第三排左一穿大衣者为李石曾，
第二排右六为法文教员齐连登（豆腐公司工人）

1918 年，布里留法工艺学校实习工厂，墙上横匾"业精于勤"系蔡元培题写

布里村留法工艺学校旧影

一起商量此事，谋划筹建新校，但是勤工俭学会是民间团体，没有经济来源，无法负担这么大笔的款项，怎么办？于是，李石曽和段子均返回北京，约上齐如山，准备邀请戏曲界名角义演筹款。这个时候，高阳昆腔大王韩世昌正带领高阳昆曲戏班在北京演出，闻听老家的布里村要筹款建校的消息，积极响应倡议，与京剧名角梅兰芳、姜妙香等人在江西会馆举办大型义演活动。韩世昌和高阳昆腔名角侯益隆、侯玉山、侯瑞春等演出拿手好戏《乌江泪》《尼姑下山》，共筹得现洋一千五百多元，全部带回高阳，交到了李石曽手上，用于新学校的建设。

李石曽花两百大洋买下一块弃用的宅基地，成为布里村留法工艺学校的新校址。为了节省开支，段子均捐出自家十二亩地打井建窑，脱坯烧砖，供建校使用。应该说学校的一砖一瓦均由"自家"砖窑场提供。木材则是

本村段宗扬为建校拆掉了自家旧楼,当年有一句顺口溜在高阳县口口相传:
"布里有个段宗扬,拆了南阁盖学堂。"

李石曾亲自规划设计整个学校,突显了中西合璧的建筑风格。首先是
学校大门,上部为哥特式建筑风格,高耸的砖塔,顶部呈尖状,寓意进取
和希望,下为两个半圆形的扇面式墙体,意为团结和互助;大门下方为中
国传统的拱门、磨砖,带有园林意趣。李石曾又请书法家张卓甫题写了校
名"留法工艺学校",苍劲有力,悬挂在拱形门上方。门前为操场。院内
有两排平房,前排是放置设备的实习工厂,后排是教员和学生宿舍。整个
学校共有房舍四十一间,占地约十亩。蔡元培特意题写了"业精于勤"的
匾额,挂于实习工厂车间。

第一次世界大战刚刚结束,李石曾就迫不及待地赶赴法国,为实现他
的勤工俭学主张奔走。在赴法的邮轮上,他突发奇想:把非洲的黑人送往
北极寒带,让久处赤道中的人们在寒带生活几十年,"以做改变人种肤色

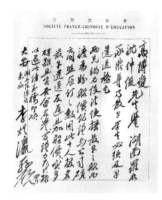

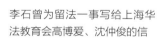

李石曾为留法一事写给上海华
法教育会高博爱、沈仲俊的信

吴玉章为留法一事写给蔡元培、李石曾的信

的实验"。他还煞有介事地要为俭学生李璜介绍一位有色人种女子为妻。

在留法勤工俭学生投靠无门、四下呼号之时，这位被留法勤工俭学生奉若神明的"祖师爷"，却在为他的中法混血托儿所热心奔波，不遗余力。这个托儿所专门收养华工、中国留学生与法国妇女的私生子，聘专人抚养、照顾。李石曾甚至亲力亲为地给一对准备私奔的中法"鸳鸯"办理护照，不许其堕胎，并为他们寻找产房，直到他们诞下麟儿。

在法国巴黎，在中国北京，经过李石曾、蔡元培、朱芾煌、吴玉章等人的操持张罗，华法教育会、留法勤工俭学会等一干组织筹备起来了。热心教育、关心青年的社会名流们，引导着一大批先进青年纷纷加盟留法勤工俭学运动。北京大学教授杨昌济引荐了他在湖南第一师范的得意弟子毛泽东（后因故未能赴法）、蔡和森、李富春、萧子升和萧三兄弟；教育家严修推荐了周恩来；重庆商会会长汪云松引来了陈毅、邓希贤（小平）、聂荣臻；安徽留法俭学会引荐了青年才俊陈延年、陈乔年、尹宽、汪泽楷；福建走出了著名的留法青年领袖郑超麟……这些名字，都和日后的中国现代史发生了深刻的联系。如果说蔡元培、李石曾、吴稚晖是留法勤工俭学运动中的"三驾马车"的话，那么李石曾是驭手，吴稚晖是喊口令的人，蔡元培则是端坐车上冷眼观瞧、

巴黎华法教育会同人，萧子升（第三排左一）时任秘书，第一排右一为齐云卿，1910 年代摄

1917 年 12 月 25 日，北京留法俭学会预备学校——孔德学校开学典礼盛况。坐者第二排右一为李石曾夫人姚同宜，右二为徐悲鸿夫人蒋碧薇，右五为顾孟余夫人韦增英，右六为蔡元培夫人黄钟玉。立者第二排左一为彭济群，左二为李石曾，左六为王画初，左十为贝熙业，左十一为铎尔孟，左十二为蔡元培。最后排左九为李大钊，右四为顾孟余，右八为徐悲鸿

把握方向的车老板。换言之，蔡元培是领袖，李石曾是实践者，吴稚晖是宣传家。

  1916 年，当华法教育会在巴黎成立的时候，蔡元培、李石曾一改老成持重的形象，振臂高呼"华法教育会万岁！"不错，这两位一生以救国育人为抱负的大教育家，似乎看到了中国教育的一线生机。随后，华法教育会大包大揽，成立了一系列的连环机构，如留法勤工俭学会、中法协进会、华侨协社等。这让研究留法勤工俭学历史的后人一头雾水，大家搞不清华法教育会与一大堆类似机构的关系和归属。其实，很简单，就是一个华法教育会的牌子，余下的都是它的附属品。信奉泛劳动主义和无政府主义的华法教育会的头脑们，亦没有为华法教育会设立专门的工作人员，都由留

法俭学生们半义务性质地操持，连做饭、打扫卫生都是学生们轮流干的。华法教育会一成立，即与法国军政当局签订招募华工协议。此前，法国陆军部已与北洋政府的大买办梁士诒有过类似的协议，委托梁开办的惠民公司大规模招募华工。梁士诒从每个华工身上收取一百法郎的酬金，从而大发横财。惠民公司后来被国人称为"毁民公司"。而留法俭学会、留法勤工俭学会、华法教育会为中国青年留学或勤工俭学而打的第一仗就打得漂亮至极：法国政府无偿提供五百个名额，用于中国学生在留法期间的入学与做工。而官费生也从每年六百法郎，降到了四百法郎。赴法的船票也降到了一百大洋。

　　"勤于工作，俭以求学，以（增）进劳动者之智识。"李石曾这样说，也身体力行这样做。蔡和森奉湖南新民学会的派遣先期入京，一开始连饭也吃不上，李石曾甚至把自己家的煤炉子亲自给蔡和森送到他的租屋里。

1916 年 4 月 22 日，华法教育会成立，设在巴黎布热路 8 号自由教育会

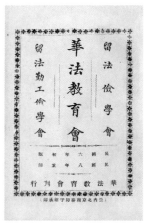

1917 年刊行的华法教育会、留法俭学会、留法勤工俭学会介绍册

毛泽东、萧子升率领大批湖南学员到北京，法语学不了，师资谈不上，学费更是镜花水月。李石曾带着湖南学子们一路南下，到保定，找到他的老乡——保定育德中学校长王喜曾，为湖南班专门开设留法预备班，并把在法国豆腐公司的亲信李广安派去教授法语。

李石曾与杨昌济相识于留学欧洲期间。杨昌济留学英国，李石曾则是在法国游学创业。杨昌济对李石曾创办的《新世纪》周刊佩服得五体投地，每期必读。回国之后，杨昌济加盟湖南第一师范，也是《新世纪》《世界》《近世界六十名人》的忠实读者。李石曾的"互助论"不消说也成了杨昌济教书育人的圭臬。杨昌济接受蔡元培、李石曾的邀请，出任北京大学心理学教职。日子不长，他就把自己的学生从遥远的湖南召唤到了北京，参加李石曾的留法勤工俭学。这批学员，自然以萧子升、毛泽东、蔡和森为首。毛泽东来北京的背包里，就装着李石曾的著作《近世界六十名人》。

李石曾、蔡元培把毛泽东安排在北京大学图书馆当管理员，把蔡和森派往高阳布里村"湖南留法勤工俭学预备班"当班主任，单单把萧子升留在了自己身边，任华法教育会秘书。毛泽东的八块银圆，蔡和森的二十大洋，两人的工资均与李石曾的大力提携有关。多年之后，李石曾被问及毛泽东、萧子升留给他的最初印象，李石曾说：萧子升，长得就像梅兰芳一样。而毛泽东呢，说话办事，就像他

保定育德中学留法预备班学生在工厂实习

1918 年 12 月 27 日，高等法文专修馆北京长辛店分馆师生欢送李石曾（第二排中）
赴法，毛泽东参加了这次送行

上图局部

的老师易培基所说，将来要当"人民天子"。当然，这是后话。

当年毛泽东、萧子升、蔡和森在北京西山小南园别墅第一次见到李石曾的时候，毛泽东正患着脚疾，走了几十里的路，一瘸一拐。萧子升、蔡和森的头发很长时间不打理了，一个个胡子拉碴。李石曾马上吩咐自己的儿子李宗伟拿出法国最新款的推剪为三位青年理发。其时，法国医生贝熙业正在小南园做客，李石曾请贝大夫为毛泽东看脚疾。毛泽东的脚疾是因

贝熙业医生，1920年代摄

走路时间长而磨破了脚板，并且还有一点脚气发炎。李石曾的家人很多年以后还记得，贝熙业大夫为毛泽东治疗脚疾使用了煤油消毒（当时酒精还没有传入中国）。

天字第一号

通过"沙龙革命",能否把一座皇宫变成博物院,把明清两代的皇家禁地还给天下国民,把宫里不计其数的奇珍异宝还给老百姓?李石曾和他的同好们做到了。一座故宫博物院的建成,完全就是李石曾凭着自己的"合纵""连横"本事和"沙龙革命"实现的。他做到了,他做得前无古人、后无来者。

故宫博物院的成立,李石曾为之付出的汗水和辛劳,因之遭受的委屈与不公,简直不可胜数。而这一切,随着时间的推移越来越彰显出巨大的历史意义和人生况味。

但在当年,一幕一幕"活报剧"式的剧情以"你方唱罢他登场"方式在紫禁城上演。李石曾的雄才大略和真知灼见,在创建故宫博物院的过程中得到了真实的体现。时过境迁近百年,中央电视台摄制的大型纪录片《故宫》,颠过来倒过去,也不得不把故宫博物院主要创始人的名头挂在了他头上,只不过用的是他的学名"李煜瀛"。此举惹得一干故宫发烧友纷纷议论：谁是李煜瀛？李煜瀛是谁？

　　而在历史猎奇者的心目中，李石曾这个
名字近乎一个偷盗者：李石曾和他的亲家易
培基、侄儿李宗侗监守自盗，把故宫里的宝
贝倒腾到外国贩卖，大发横财；李石曾和他
的古董贩子朋友卢芹斋（卢焕文改名）合谋
在中国大肆倒卖文物，为蒋介石购买军火筹
资。更有一著名留法系的洋派文人在其著作
中，言之凿凿地宣称：李石曾创建故宫博物
院是为了替蒋介石筹资打内战，故宫博物院
文物丢失案是李石曾监守自盗的结果。

易培基，故宫博物院首任院长

　　时代旋涡中的李石曾曾是清室善后委员
会委员长，故宫博物院创建人之首，在院史
中很有几件关于他的传奇故事流传下来。

　　1925 年 10 月初，十九岁的大学生单士元
在故宫博物院里当一个小跑差——书记员，
这天，故宫博物院办公室外有些凉，秋风乍起，
似有雨意。故宫博物院理事会理事长李石曾
今天来院里公干，他眼看着午门内外的卖票、
验票机构都已经准备就绪。太和殿门前的栏

李宗侗，时任故宫博物院秘书长

杆被擦拭得锃光瓦亮，办公室里的易培基、陈垣、吴瀛、马衡、沈兼士等
饱学之士精神整肃，一派忙碌。"双十"节故宫博物院就要开门纳客，正
式营业开放了。李石曾心花怒放，对着重重宫墙和攒动的人头，忽然以平

生从未有过的洪亮嗓音喊道："取大抓笔来！"

单士元年轻力壮，被吴瀛点名伺候李石曾。他马上跑到仓库里，找到了一杆几乎与人等高的大抓笔跑了过来，气喘吁吁地对李石曾说："李先生，大抓笔给您找到了！但您用什么纸书写呢？"

在文书科办公室里，李石曾挑选出了十几张粉连纸，说："就把它们粘起来吧，我今天要破一破双钩笔放大法，直接写一个故宫博物院的大匾额！"

天气有些阴冷，宫里的墨汁有些凝滞。单士元土法上马，找了一瓶烧酒倒进墨汁里搅拌均匀。李石曾对这个细节注意了很久。事后，他专门对易培基和吴瀛等人说："一定要把单士元这个能干的小伙子留在故宫博物院！"

抓笔、粉连纸、墨汁，准备齐全了。李石曾半跪于地，使尽平生气力，以大抓笔连书五个颜体大字：故宫博物院。每字足有普通圆桌大小，字与字之间意韵相连，元气贯通，雄浑厚重，力扛千钧。围观者一干国学大佬都看呆了，也忘了拍手叫好，吴瀛、易培基、沈兼士、陈垣等老先生眼里竟有了泪光。

李石曾这奋力一挥、神来之笔的"故宫博物院"匾额，至今还是一个历史公案。有人始终认为，那么大的擘窠字，绝对不是现场书写，而是采用双钩描摹手法，从颜真卿的字帖

李石曾手书"故宫博物院"匾额，悬挂于故宫神武门

1925 年，李石曾任故宫博物院理事会理事长

里集出来的。

这块巨型匾额，先由木制材质换成昂贵的石质，一直悬挂在故宫神武门的上方。及至新中国成立后，一直也没有人撼动它的位置。1962年，由于李石曾政治地位的缘故，这块有着时代特质的匾额才被小心翼翼地摘下。新的题字出台后，故宫新老同人也没有把刻有李石曾题字的石版废掉，而是把它整体翻了一个个儿，把新题的字刻在李石曾版的背面挂了上去。翻手为云，覆手为雨，古老的宫廷之上，这种对话与互动，时空轮转，依然没有停歇。到现在，关于故宫牌匾的题字，仍有好事者在不断探究，比较高下。

故宫内的文物整理工程，巨大浩繁，头绪万千，连一批学贯中西的老学究都颇感棘手。整理什么，哪儿是重点，从何开始？李石曾身负国民重托，把这些天大的困难一一化解于无形。

清室善后整理小组一进宫苑，清朝遗老们便放出风来：宫内有几座冷宫，那是昔日皇上处置犯罪嫔妃的地方，如今每到夜晚，那里经常"闹鬼"，阴风凄惨，时闻人哭。宫内管这叫"阴兵路过"，谁敢进宫冲撞，必遭天谴无疑。一时人心惶惶，不少人停止工作，观望事态发展。

1924年的一个冬夜，李石曾带着女儿亚梅，出现在故宫的"冷宫"里。他带来了床铺洁具、洋烛手电，要亲自在"冷宫"里住一宿，破一破"阴兵路过"的无稽之谈。有好几个年轻力壮的善后小组成员自告奋勇，要和李先生一起留下来过夜。李石曾说："不劳各位。我自当上这个清室善后委员会的委员长——这是我唯一当的带'长'字职务——我既当了，就有义务和职责破一破这个荒唐的说法，打破这个心魔！"

李石曾父女均舒舒服服地在宫殿里住了一宿，第二天早起，李石曾叫

1924年冬，李石曾（右）与女儿亚梅在故宫

来了侄子朱广相。朱广相留学法国归来，学得一手好照相技术，为李石曾父女在故宫的"冷宫"前立此存照。

自此，清室善后委员会里的清朝遗老们再不喧嚷"阴兵路过"了。

故宫里文物浩如烟海，用数字编码很不现实，用中国数字更是累赘。故宫博物院秘书长李宗侗找到五叔李石曾，让他想一个两全其美的方法。李石曾不费吹灰之力，信手拈出一个"千字文"文物编码法。他说："不妨采用千字文的编码法，把文物分为天字号、地字号、玄字号、黄字号，依此类推，可大大节省时间，不费太多工夫。"

不用说，这个编码方法一经推出，即事半功倍，整理速度大大提升。只是善后整理小组第一次打开宫门，所遇到的"天字第一号"文物，竟是一只普通的高脚凳。一个在中国文化史上如此高尚的整理国故活动，居然开始得如此平易，那只"天字第一号"的高脚凳，无意间作了历史的注脚。

1924年10月23日，李石曾说动同盟会老乡孙岳（孙禹行），与冯玉祥联合策动"北京政变"，紧接着把皇帝溥仪赶出了紫禁城。把故宫收归国有，成立一个前无古人的博物院，从哪里入手呢？怎样才是收归国有？军阀们当然没有办法做到。只有李石曾以"国民代表"的身份前后张罗，妙计频出，风尘仆仆，任劳任怨，故宫才得以完美回到国民手中。

11月5日，李石曾跟着新任京畿卫成总司令鹿钟麟、京师警察总监张璧两位河北老乡走进神武门的时候，已提前打好腹稿。他不管大殿的钥匙放在哪儿，也不论交泰殿里的宝物如何处置，首先让溥仪一股脑儿地交出了大小三十颗国玺御印。他拎着一兜子国玺御印，走到了隔壁的中华民国国务院，见到同盟会战友、与自己莫逆之交的摄政总理黄郛，晃了晃手中的袋子说："中华民国头上的一颗毒瘤今日被剜掉了！"

一年的时间内，北京城头变幻大王旗。每轮换一次主政者，故宫博物院里的这些学究，都要把心脏提到嗓子眼。冯玉祥走了，有同情清廷的人立刻为溥仪叫屈：民国政府不守信用，欺负禅让退位的善良皇帝。李石曾秉公而论，想方设法发还了清宫内藏银十万一千三百二十八两，稳住舆论。张作霖来了，有人又蠢蠢欲动，动议把故宫博物院交给日本人管理。对此言论，李石曾严词拒绝。他为摄政大总统起草命令：

> 修正清室优待条件业经公布施行，着国务院组织善后委员会，会同清室近支人员，协同清理公产、私产，昭示大公。所有接收各公产，暂责成该委员会妥善保管，俟全部结束，即将宫禁一律开放，备充国立图书、博物馆等项之用，籍彰文化而垂久远。此令。中华民国十三

年十一月七日

故宫最严重的一次面临毁灭，是在张作霖统治时期。当时，清宫文物财产典查陷入停顿，善后委员经亨颐竟然有"一把火把故宫烧掉"的激愤之论。不断有各方势力的代表想挤进清宫善后委员会分一杯羹。李石曾顶住压力，决不退让。

"清室优待条件业经修正，所有清室善后事宜，亟应组织委员会以资处理。兹谨聘先生担任委员长一席，务希慨允，力膺艰巨，无任翘企！"——故宫博物院，中华文明天字第一号工程，舍李石曾其谁欤？

历史给了李石曾一介布衣以卿相之位，他交出了世界上独一无二的金碧辉煌的故宫博物院。

1929 年 10 月 10 日，故宫博物院召开成立四周年纪念会，李石曾作了

1930 年 5 月，故宫博物院举办游园会时神武门外的情景，李石曾手书的"故宫博物院"五个大字清晰可见

题为《清故宫须为活故宫》的演讲。他说：

　　故宫为历史上遗留之建筑物，自废帝出宫后，此数年中，经过许
多政治之变化、军事领袖之种种关系，而故宫同人，仍在努力维持，
以图发展。现已到了发展时期，希望故宫将不仅为历史上所遗留下的
一个死的故宫，必为世界上几千万年一个活的故宫。以前的故宫，系
为皇帝私有，现已变为全国公物，或亦为世界公物，其精神全在一个
公字。余素主张，使故宫博物院不为官吏化，而必使为社会化；不使
为少数官吏的机关，必为社会民众的机关。

花花世界的"千面人"

廿岁周游世界，半世纪曾历五洲。

几乎没有一个中国人像李石曾这样，把人生过得如此丰富多彩，他的行程和事业造就了他的"千面人"角色。他也只有在波谲云诡的历史旋涡里不断地调整自己的角色定位。

1908年，李石曾从法国第一次返国，为豆腐公司招股。他首先来到直隶总督杨士骧的衙门，动员这位父亲当年的门生为自己的豆腐公司投资。杨士骧开始拒而不见，却把一份清廷查禁《世界》画报、捉拿革命党人的布告摆在公案上，想以此试试李石曾的胆量。李石曾毫不畏惧，把自己的外甥、杨士骧的幕僚祈景沂叫来，当下就在总督府内奋笔疾书，痛陈当今世界大势，呼吁请直隶总督看清形势，早作打算，给自己留一条后路。杨士骧躲在幕后，看李石曾毫无惧色，写文章如行云流水，就主动走出来给五公子看座。李石曾趁势给直隶总督讲起了法国见闻，讲起维新国策，讲

1927年4月，国民政府定都南京典礼，国民党四大元老李石曾（前排右六）、蔡元培（前排右八）、吴稚晖（前排右十）、张静江（前排右十一）出席

起西方世界的坚船利炮，滔滔不绝把个朝廷要员直隶总督讲得无言以对。最后，杨士骧被李石曾实业救国的宏伟计划所折服，不但没有把李石曾交付治罪，反而拨了二十万两官银助李石曾的豆腐公司一臂之力。李石曾反手就把这二十万两官银用于支援同盟会的刺杀行动。

1928年年底，李石曾参与了策反张学良"易帜"的全过程。张学良的两位幕僚胡若愚、朱沐生是李石曾在北京大学的学生。李石曾曲线救国，与这两个学生走得十分热络，许多的谈判条件是在麻将桌上、戏园子里搞定。张学良问胡若愚和朱沐生："私下里李石曾管我叫什么？他怎么称呼我呢？"

胡若愚和朱沐生异口同声地说："李先生从来都是称你为先生的，汉卿先生，张学良先生。"

张学良感慨地说："就凭李石曾这么恭敬地称我为先生，我也要考虑东北易帜，支持国家统一！"

经过李石曾、张岳军等人的积极运作，国民党逼走汪精卫出国下野，力助蒋介石实现全国统一。昔日留法俭学密友汪精卫哭天抢地，指天怒骂："都是这个老怪物搅了我一派好局！"

汪精卫的怒骂自有他的道理。在汪的眼里，李石曾或许真就是一个"老怪物"。

但是，这些外号都不如说李石曾是花花世界的"千面人"更为贴切——他是 20 世纪的贾宝玉，是中国版的聂赫留朵夫，是现实生活中的卓别林。

且看汪精卫眼中的这个"老怪物"种种谐趣乖谬之事。

豆腐公司初创的时候，也不是一帆风顺的。首先是豆腐的腥味非常不适合法国人的口味。当豆腐公司第一批豆浆产品生产出来后，李石曾精心将之包装起来，带到了巴黎四大贵妇沙龙的客厅里。茶歇时分，那些或高谈阔论或旋转于舞池的中法人士突然被叫停，豆腐公司的工人齐云卿、李广安端着瓷盘登场。接下来的节目令人大跌眼镜：中法宾客吃豆腐大赛。每位宾客餐盘里有一块白花花、颤巍巍的热豆腐，其味鲜香诱人，其形招人眼馋。这是李石曾发明的祛除氧化铁后的新品豆腐。当下，就有法国工党的青年才俊穆岱和李石曾两人不顾形象吞吃了起来。以速度论，李石曾赢下比赛；以数量计，穆岱吃得更多。李石曾当下就给穆岱颁发奖品：一枚用豆腐干刻制的印章。法国参议员赫理欧立刻许诺：当年的巴黎万国食品博览会为中国豆腐开设专门展台。而赫理欧就是那届博览会组织局的主

1909 年，巴黎中国豆腐公司生产的豆制品（豆腐、豆乳、豆浆等）参加巴黎万国食品博览会

巴黎中国豆腐公司参加万国食品博览会的呈请

席。

最乡野最软糯的中国豆腐，敲开了最时尚最傲慢的西方文明世界的大门。

1924 年年底，孙中山病卧京华，危在旦夕。汪精卫、廖仲恺、张继为争得孙中山正统传人的衣钵闹得不可开交。而李石曾作为孙中山亲命组成的北京五人政治委员会成员，却不愿在孙中山遗嘱上签名，以至于名闻天下的总理遗嘱没有李石曾那严整气派的签名，因而缺少了一种正大气象。正当汪精卫抓着孙中山的手在遗嘱上签名的时候，李石曾踱出房外，对妻子姚同宜说："兆铭太政治！"

多年之后，面对张继对自己"故宫盗宝"的污蔑，李石曾又重复这样的一句话："溥泉讲政治太多！"

"兆铭太政治"，"溥泉讲政治太多"。人狠话不多，却为民国两大派系画出了十足的造像——热衷于起草遗嘱，处心积虑地上位。但等孙中山病重以后，仍是李石曾请来名中医陆仲安为总理医治。孙中山去世后，连个暂时安置遗体的地方都没有，还是李石曾出面，将总理灵柩暂厝于西山碧云寺金刚宝座塔石券门内，直至 1929 年 5 月移往南京中山陵。

但做大事，不做大官。李石曾一言一行遵奉着自己的"八不会"丙级会员的承诺。

他每顿必吃大蒜，平常都是喝自己加工的蒸馏水。他不爱洗头，每天只是用双手拢湿头发，此举属其自创的保健方法。他不用毛巾，他说，我是一个生物学家，我知道毛巾上的细菌最多。

他勾连冯玉祥、胡景翼、孙岳发动"北京政变"。政变成功后的庆功宴上，一群军人在席间嘲笑李石曾只不过是一个手无缚鸡之力的清谈文人，讥笑他是一个投机分子。李石曾什么也不说。过了没几天，国民军和曹锟军队开战，李石曾暗地里租用了法国使馆的一架活塞式战斗机，这架飞机刚刚被用于战争。李石曾拉上自己的心腹段子均，抱着几枚炸弹就上了飞机，前往京南参加对曹锟部队的投弹。一个大学教授，一米六二的小个子，扔起炸弹来劲头十足，弹无虚发。曹锟的部队从来没看过飞机助战的阵势，一下子退到了保定驻防。李石曾回到北京南苑机场，冯玉祥、孙岳的军官们服气了，纷纷朝李石曾竖大拇哥。

李石曾说："想当年，我造炸弹炸宗社党良弼的时候，军爷们还穿开裆裤呢！"

1925 年，李石曾（右三）与妻子姚同宜（右二）、女儿亚梅（右四）及好友张静江（右一）、顾孟余夫妇（左一、左二）、何香凝（左三）等人在北京西山碧云寺，身后为金刚宝座塔

1928 年 5 月 3 日，李石曾在法国阿尔贝。卡恩摄影

1928 年 2 月，李石曾（前排右二）、蔡元培（前排右三）、张静江（坐者）、于右任（前排左六）、宋子文（最后排右一）、何香凝（最后排右四）等人出席国民党第四次执委会会议

五四运动的起源在哪里

1919 年 4 月，当北京大学的学生傅斯年正欲带领学生们上街，反对"巴黎和会"的时候，曾任北京大学教授、时为华法教育会书记的李石曾正在赶往法国的轮船上。甫到法国，李石曾马不停蹄，立刻召见自己的外甥李麟玉、女弟子郑毓秀等留法学生，筹划阻止中国代表团在《凡尔赛和约》上签字。

"协约胜利，吾人失败！协约有所得，吾人反损失！合约自达和平之前途，及遗吾人以黑暗前途！此等条件，吾人誓不能签字！"郑毓秀的文章在留法中国人中间产生了极大的鼓动作用。巴黎和会中国代表团驻地挤满了中国留学生和华工。李石曾一如既往地背后运作，郑毓秀以树枝做枪，顶住中国代表团代表的腰，迫使其放弃出席签字仪式。李麟玉带领几百名示威华工和留学生，终使中国代表没有在出卖山东利益的合约上签字。

胜利的消息传来，李石曾在巴黎的中华饭店里，用琥珀白薯和锅塌豆腐宴请了留学生和华工代表。李麟玉问："姨丈，此次和会拒签之胜利，您有何见教？"

李石曾说："青年的力量不可忽视！海外与国内之力量联合决不可忽视！"

1921年10月，一百多名留法勤工俭学生因为没有工作，报考中法大学海外部不够条件，遂在蔡和

李石曾（右）与郑毓秀，1920年代摄

森、陈毅等人的发动下，占领了里昂中法大学宿舍。那时的李石曾正在国内养病，但他一刻也没停止对困难学生的资助。他向北洋政府申请了十万元的救助金，将之紧急汇往法国。他的豆腐公司也在每日补贴贫困学生五法郎的巨大亏空中赔得几乎无法再运转。留守法国的华法教育会的李广安用最后一笔钱投资股票生意，以期扭转豆腐公司的亏空，无奈血本无归。李广安又把股票换算成较为昂贵的德国机械用以保值，但一战后德国机械不被允许出国。至此，李石曾的豆腐公司弹尽粮绝，成为中国青年留学史上悲壮的绝响！

但就是在这样的境遇下，李石曾对留法勤工俭学的青年们仍是满怀关爱与深情。1921年11月，被法国当局驱逐归来的一百多名留法勤工俭学的青年学子，被李石曾吸收到了他创办的各个学校继续念书或参加工作。中法大学、上海劳动大学、广东大学都在李石曾的号召下敞开怀抱，接纳了落魄归国的勤工俭学学生们。

李石曾与陈毅的相识和友谊即在此时缔结。

陈毅参加了留法勤工俭学生占领里昂中法大学的活动。被驱逐回国后，

陈毅作为代表,撰写了《被迫归国留法勤工俭学学生宣言》在京沪等地散发。李石曾看完宣言,竟激动地拍手道:"这篇文章写得不俗啊,我要亲自见一见这样有文采有气魄的青年!"

　　陈毅在北京西山小南园见到了李石曾。还是多年前李石曾和毛泽东、蔡和森见面的地方,他又和日后共产党的重要人物谈得逸兴遄飞。高兴之处,李石曾和陈毅用法语接龙朗读起了莫泊桑的小说。陈毅毫无隔阂,李石曾敞开胸襟,两人共同热爱的法国文学为他们搭起了心桥。送别时,李石曾抚着陈毅的肩说道:"我盼着一颗贯通中法文学新星的升起……"这次见面后,李石曾亲自批条,把陈毅安排进中法大学服尔德学院继续深造。

　　1922 年 3 月 20 日夜,法国巴黎协和广场附近的一间寓所内响起了三

1919 年 10 月 10 日,李石曾(第二排右六)亲自迎接抵达法国马赛港的勤工俭学生

声枪响。这是在李石曾的学生郑毓秀
生日宴上发生的。行刺者为郑毓秀的
秘书李鹤龄，行刺目标为中国驻法国
公使陈箓。三枪发毕，陈箓并没有毙
命，警察赶来，带走了高大英俊的李
鹤龄。

消息传到李石曾的耳朵里，他连
夜给自己的法国密友穆岱拍电报，请
他一定出面，为李鹤龄当辩护律师，
把这个敢作敢当的中国青年保下来。
最终这名使用刺杀手段差点击毙中国
公使的青年，仅被判刑九个月。

1921 年 9 月，中国勤工俭学生在里昂中法
大学校门前示威抗议

"青年的一切错误都是我们的错
误。" "对青年的包容是对国家前途的包容。" "宁可让孩子们稚气横溢，
也不要他们老气横秋。"李石曾谈起青年，有如是的精彩警句。

说到李石曾爱护、提携青年人，不得不提到一个叫钱直向的人。钱直向，
1912 年 5 月出生于河北省徐水县元头村，一个满族镶黄旗衰落贵族后裔家
庭。他十六岁外出谋生，二十一岁时只身一人由天津坐船到了上海。就在
这一年——1933 年，他遇到了改变和影响他人生道路的李石曾。

当时世界社设在上海法租界福开森路 393 号，钱直向通过熟人介绍，
在世界社谋到了一份秘书助理的工作。李石曾已有四个秘书，作为秘书助
理的钱直向人很机灵，因他毛笔字好、誊抄写不仅快而且错少，很快大家
喊他"文抄公"。

　　李石曾是个充满好奇，最愿接受新事物的人，他购买了一台中文打字机，他的几个秘书不会用，也不学，致使这台打字机一直闲置，落满尘土。钱直向见此情状，就利用晚上时间，别人娱乐的时候，他在楼上鼓捣研究打字机，一个字一个字地练习打字。李石曾恰好住在四楼，有一天，他听到打字声，不由好奇地推开办公室门，见到钱直向独自一人正在打字机前，就问："你会用这个机器吗？"钱直向紧张地站起来回答："我正在学习，打不好……"李石曾不由"哦"了一声，立时来了兴致，询问起他的姓名、年龄、家庭情况，钱直向一一如实应答。李石曾听完，兴奋地说道："我是高阳人，离你的老家徐水很近，咱们是老乡啊！"谈话间，李石曾问他打字是从哪里学的，钱直向说就是看到这个机器后才开始学习的。李石曾闻听后，不由得对这个年轻人顿生好感，就让他写一份履历，第二天交给他。接着，李石曾又让钱直向写一篇文章交给他。第三天，钱直向有了正式的办公室和桌子，李石曾交办的事务，由其他秘书拟稿，钱直向负责打字、建卷宗、请签名、请缮正，钱直向写的稿子直接交给李石曾审阅。一年后，

1966年，李石曾（右）与钱直向在法国马赛

得到李石曾赏识的钱直向，由秘书助理升任第一秘书，也就此展开了他与李石曾四十年的亲密交往。

　　两年后的1936年，被李石曾视为青年俊杰的钱直向，在李石曾的资助下赴法国留学，以半工半读形式就读于法国格城大学，最终取得文学硕士学位。钱直向没有辜负李石曾的厚望。

抗日战争爆发后，钱直向怀着一腔"国家兴亡、匹夫有责"的热忱，回国参加抗战。为争取友好国家对中国抗战的援助，他再次来到法国，先后参与了李石曾创办的日内瓦中国国际图书馆、里昂中法大学和巴黎华侨协会的工作，成为李石曾的得力助手。

20世纪四五十年代，钱直向在马赛和巴黎经商期间，慷慨帮助了许多身陷困境的侨胞。钱直向视李石曾为他的贵人，更是他的偶像。他的一生所作所为，深受李石曾的影响。

1952年，李石曾从乌拉圭赶到巴黎，参加了钱直向的婚礼。1966年7月，李石曾从台北最后一次来到巴黎，钱直向赶去探望。应钱直向夫妇之邀，李石曾当场挥毫泼墨，写下了钱直向所作的词联："新世纪岂止当年英贤提倡一时风尚；中华国仍然历代俊彦继续千载功勋。"

李石曾书法

李石曾手书，现存于北京钱直向寓所

1952年，李石曾（立者前排右四）、李书华（立者前排左七）、潘玉良（立者前排左二）等人参加钱直向（立者前排左八）在法国巴黎举行的婚礼

1952年，李石曾（右二）与钱直向（右一）等友人在法国巴黎

1952年，李石曾（左）与钱直向在法国里昂

"无事忙"

　　李石曾有一当世人人皆知的绰号：无事忙。当还是一名少年的时候，他在自己的嫂夫人——被他称为"哥哥"的齐夫人带领下，游玩北京西山，对这里的山清水秀和土著愚氓都有自己切身的体会和复杂的情感。小时候，有一次在西山的一个小山村打尖，小石曾一路攀登，登上了很幽闭的一座山峰。在那里，李石曾邂逅了一个脑袋上盘着辫子、满脸沧桑的老者。对话的时候，李石曾竟听不懂老者嘴里的土言土语，只依稀辨得清老者问他的是："城里的八国联军走了吗？现在的皇上是咸丰还是同治啊？"

　　也许从那个时候起，李石曾就起意要在风景如画的北京西山搞一个大大的"桃花源"。他将中国传统儒家和清末维新派人士的"大同世界"理想，与西方乌托邦思想、无政府主义"互助"学说相结合，所进行的乡村教育和建设实验具有时代开创性。李石曾的这一梦想，持续了二十年之久。从1918年开始，他每年都会跑到西山督导他的巨无霸型试验田。在他的佛界知己、碧云寺长老聚林法师的无私支持下，他在西山首先设立了温泉疗

李宗伟（左一）和一帮孩子在西山动物养殖园，1920 年代摄

养院，后创办温泉中学、温泉小学。他的妻子姚同宜拿出体己钱，在温泉村、北安河村一带设立乡村妇女耕织社。李石曾的儿子李宗伟从法国留学归来后，也被父亲邀来搞农林试验场、动物养殖园。这个动物养殖园是中国最早的循环经济示范区，养殖园里梅花鹿、山羊、野鸡、孔雀、马匹满山满谷，动物实验室常年开展检疫、杂交实验。每年一季的割鹿茸是试验场里的狂欢节，李石曾的发小儿、京城最大药店同仁堂的东家乐均士带领伙计前来割鹿茸，鹿茸是很昂贵的药材。

李石曾最为心仪的养生手段就是泡温泉。他在法国的时候，和邵可侣、吴稚晖一起在巴黎郊外泡香湖温泉，泡出了世界社的超前构想。在北京西山温泉，他最长的一次泡温泉纪录是十四小时，和吴稚晖、梁漱溟、顾孟余等人泡出了中国农村建设实验、建立中法大学的时代大课题。

　　1924年，李石曾邀请国民革命军第二军军长胡景翼和自己的高阳老乡、国民革命军第三军军长孙岳来西山温泉沐浴，策划实施震惊世人的"北京政变"，泡温泉泡出了一个"千秋万世"之事功的故宫博物院。胡景翼和孙岳去世后，李石曾让自己的留法学生段其光在西山为二位将军设计了法国建筑风格的孙禹行陵墓和笠僧（胡景翼字）堂，为昔日穷乡僻壤的西山增添了独一无二的人文景观。至今，这两座建筑仍被认为是中国近现代建筑设计中西合璧的典范。

　　孙中山抱病北上，李石曾也力主国父来他的西山温泉疗养院沐浴养病，但因孙中山病势沉重未得一试。孙中山病逝后，李石曾为国父寻到碧云寺这方风水绝佳的万年太平之所。举凡蒋介石、宋庆龄宋美龄姐妹、李宗仁、张静江、廖仲恺、张继等民国要人，无不一次又一次地登临碧云寺，在李石曾的小南园别墅里休息、开会、密谋。李石曾设计的小南园虎皮墙和石头院落，俨然成了中国近代史的一张名片，直到酿成血光之灾的"西山会议派"在此粉墨登场。一年前还在主持共产党员加入国民党入党仪式的张继，对共产党人突然举起了屠刀。张继在会议开始前还阴阳怪气地说："还真得感谢李五爷的操持！国民党开个事关党国前途的大会难得这么清幽恬静，这是不是就是古诗所云'山雨欲来风满楼'啊？"

西山。绿树掩映的碧云寺，寺外建有温泉疗养院。1920年代摄

李石曾（左二）与外国友人在西山小南园别墅，1920 年代摄

西山温泉疗养院门前，李石曾（右）与他的第一辆别克汽车，1920 年代摄

李石曾每到自己所创建的神龙见首不见尾的社会事业的关键时刻，总会来自己的"桃花源"西山避乱养疾。他不擅文辞，自称为"质而不文"，但也写下过这样的神来之笔：

乘风廿载不窥园，疗疾从医始入山。

病里每成新事业，静中忘却旧纷繁。

高朋怕听来金寺，避世重游到玉泉。

此地又提兴学议，再将何处作桃园。

李石曾的农村建设综合实验开始于北京西山，当时西山的行政区划属宛平县。宛平县县长看到堂堂国民党中央监察委员李石曾风尘仆仆一趟趟地来往于西山温泉、养殖场、小南园，不无讥笑地对他说："李先生，您真是一个'无事忙'啊！"

就在李石曾被讥笑为"无事忙"的当下，他把昔日一派枯山残岭的西山皇姑园陵寝命名为环谷园；将温泉疗养院、温泉中学、温泉女中、温泉小学陆续办起来了；中法大学附属农林试验场在环谷园一带有一千多亩山坡地，房屋一百四十间，共有四个院落，设有苗圃、林场、蜂场。苗圃内培育桃树、杏树、栗子树、核桃树、梨树、柿子树、葡萄树，待葡萄收获后酿酒。场内还有稻田、棉花田、藕田等，既是农林场的经济作物，又是温泉中学与温泉女中的实习场所。蜂场的蜂蜜可以卖钱，养蜂收入用于学校建围墙、盖教室。

李石曾创办北平研究院后，设有自治实验村事务所，在西山一带持续实施乡村现代化建设。当年这里不但有电话、公共汽车，还出现了乡村银行、合作社、诊疗所、派出所，开中国乡村自治之先河。

1927 年 8 月，李石曾由法国返回中国，在船上遇到画家徐悲鸿。那时徐悲鸿结束了长达八年的留法学习，老友相见，惊喜有加。徐悲鸿提起画笔，为李石曾画了一幅素描。李石曾与徐悲鸿早在1917年就已相识，相知颇深、交谊匪浅，时任北大画法研究会导师的徐悲鸿被李石曾邀请到孔德学校教课，而他的夫人蒋碧微则教授音乐。

1928年1月，徐悲鸿创作了一幅《九方皋相马图》送给李石曾，上题："九方皋，丁卯岁阑，悲鸿写奉石曾先生雅教"，以表达李石曾对他的赏识与提携之恩。历史上，九方皋与伯乐齐名，均以善于相马著称。后来，徐悲鸿又创作过多幅以九方皋为主题的画作，表达了对慧眼识才者的渴望与感激。1928年9月，时任北平大学校长的李石曾，聘请徐悲鸿出任北平大学艺术学院院长之职，徐悲鸿欣然接受，赶赴北平上任。

不久，李石曾邀请徐悲鸿来到西山作画。在一片湖光山色中，徐悲鸿灵感迸发，开始了历史题材《田横五百士》的油画创作。画作描绘的是《史

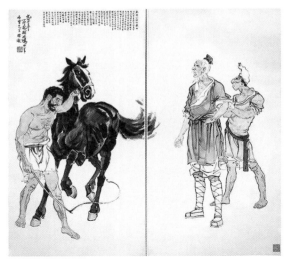

《九方皋相马图》，1928年徐悲鸿赠予李石曾　　　　　李石曾像，徐悲鸿画于1927年

记·田儋列传》中的农民
起义领袖田横在刘邦称帝
后，将到洛阳招安，他与
五百壮士诀别的场面。徐
悲鸿力邀李石曾做画中田
横的模特，"无事忙"的
李石曾欣然答应。于是，
画中的主角——重大义轻
生死、一诺千金的义士田

徐悲鸿与画作《田横五百士》，1930 年摄

横，变身为当今的兴学圣人、科教狂人李石曾。两年后，《田横五百士》
在南京中央美术会画展甫一亮相即引起轰动，被称为"中国美术复兴第一
声"，整个画面寓意着民族灾难深重之时威武不能屈的精神，在 20 世纪
30 年代的中国深具现实意义。

李石曾的"无事忙"表面上唱的是桃花源，实则叹的是苦涩艰辛的荆
棘路。

李石曾与夫人、女儿及程砚秋、李书华等人在温泉小学，1930 年代摄

李石曾、姚同宜夫妇与温泉小学的孩子们，1930 年代摄

最穷的银行家

　　1928年夏，"皇姑屯事件"发生后不久，一场特殊的牌局正在秦皇岛的一处豪华海滨浴场里进行。一副高档的骨质麻将被李石曾从北京干面胡同的家里带到了现场。李石曾对牌桌对面的东北少帅张学良说："这副麻雀，是先父从宫中带回的旧物。今日之局，我与公子之雅集，权当是咱俩各自怀念父亲的一个特殊仪式吧！"

　　作为南京政府的非正式谈判代表，李石曾此行肩负重任：说动张学良顺从国民政府，把北洋政府的五色旗换成青天白日满地红的旗子。

　　李石曾的一席话，一下子拉近了双方的感情距离。一场关乎中国统一前途的"东

张学良（1901—2001）

北易帜"的重大谈判，就在这样一种充满亲情的气氛里拉开了帷幕。张学良的秘书胡愚生、朱沐生在一旁帮腔，有关"东北易帜"的一些具体方案，南京政府对张学良的优待条件，张学良宣布顺从国民政府的时间都鲜明地摆在了麻将桌上。其中一个最重要的条件，是南京政府答应给张学良的军费问题通过怎样的方式拨付。张学良要李石曾担保，以人格名义保证开拔费按时到位。李石曾暗忖：这么大的一笔钱，从哪里拨付呢？难不成还要我当一个银行家吗？

一语成谶。很快，李石曾就在京城里瞅准了一家半死不活的小银行：大宛农工银行。他和宋子文等民国大佬商议，以政府名义增资大宛农工银行，使其摇身一变成了国字头的中国农工银行。

1929 年，李石曾被推举为中国农工银行董事长。当时蒋介石的如意算盘是把家底只有五万银圆的农工银行办成官方的提款器。因此，中国农工银行甫一成立，国民政府立即为它增资五百万银圆。李石曾打理的第一笔

中国农工银行发行的钞票

业务，就是通过中国农工银行为张学良"易帜"，承认中华民国政府法统而拨付的东北军开拔费五百万元。办成此事，蒋介石私下里对李石曾承诺："石老，汉卿易帜你功在党国。国民政府定都南京，国府职务除了军委会委员长和吾党总裁之外，五院首长之位，可容石老候选其一。"

李石曾用当年回答孙中山、袁世凯的话回将过去："我还是那句话，

但做大事，决不当官！若总司令真容我挑选职岗，我倒是愿意为实现我与子民（蔡元培）、静江兄的夙愿而奔走一番。我接下来的愿望就是：通过农工银行，拨款成立中央研究院的地方科学研究院，实行法国等先进国家的大学区制！"

蒋介石耸了耸肩："大学区制？没听说过！"

就这样，李石曾戴着为国民政府争取张学良"易帜"，为蒋介石调停中原大战的光环，为他心目中神圣无比的中国版"法国大学区制"争来了三十万元的投入，北返北平。北平大学校长，北平研究院院长，一干带"长"字的职务让李石曾如芒在背。他通过中国农工银行，将五万元拨给北平研究院，中国的物理、化学、生物、历史、镭学、药学、数学等近代科研就在这五万元搭建的平台上风生水起。九所大学合并一起成为北平大学，河北教育厅与各大中小学实行统一管理、行政科研为一体的大学区制也紧锣

大学委员会北平分会委员李麟玉、李石曾、李书华、沈尹默、萧瑜、张继、易培基（右起），1920年代摄

1929年7月，钱学森从国立北平大学附属中学毕业，时任北平大学校长李煜瀛签发毕业证

密鼓地操持起来。中华戏曲音乐院、北平戏曲专科学校、《剧学月刊》等教育学术机构也如雨后春笋，拔节生长。

但李石曾偏偏就忘了一点，大学区制使寄生在教育大学机构里的官僚政客和学阀们将失业离岗三分之一强。九所大学联合办学，将有一大半的教授和讲师得另谋饭碗。而李石曾的工作团队，却自始至终只有那么几个核心人物。农工银行总经理是留法勤工俭学的华工齐云卿，北平研究院是留法华工夜校的杨梦游，西山农林试验场是李石曾的儿子李宗伟，故宫博物院是李石曾的学生萧子升、侄子李宗侗。北平教育界一听说政府将实行大学区制，一大半的教职工将丢掉饭碗，有好事者串联撺弄，打砸了李石曾的办公室，连窗户玻璃都打碎了。前脚李石曾刚派出梁思成、林徽因前往华北野外考察古代建筑，后脚一群师生就一哄而入，把他的家又砸了个稀巴烂。

对这一切，李石曾默而不语，愣了好半天，才哇的一声呕吐起来。他叫过女儿亚梅，好半天才吐出一句话："咪咪（李亚梅乳名），扶我上车，西山去也！"

玉泉两度病中游，寒暑如松易五周。

一影一身无伴侣，非山非水乃清幽。

日高回忆东窗暖，雨重携来北塞秋。

堤柳湖莲对含笑，勿加摧折使生愁。

应当说，李石曾的办学心路历程，是中国教育史上一页再辛酸苦楚不过的心灵史。

李石曾在金融实业最风光的时候，是他曾经手握三大银行机构的经济大权之时。一是中国农工银行董事长，一是中俄庚子赔款中方委员会主席，一是中法庚子赔款中方代表团主席。他几乎把所有款子都往科教文化的领域倾斜，也因此得罪了不少宵小之徒。

他拨款十万元促成程砚秋游历欧洲，考察西方戏剧及教育。他资助徐悲鸿在法国巴黎办画展，出手就是一万法郎。北京女子师范大学的那次著名"欠薪事件"，闹出了人命，闹得鲁迅出于义愤而作《记念刘和珍君》檄文，最后也是李石曾出钱为教师们发放了拖欠的薪水。

在北京西山乡村，他发明了一种叫作"寄庄"的金融手段，让农民们在收获时节以粮食存贷，以粮食抵押钱款，生意做得很是惬意。近百年后，孟加拉国的尤努斯就是凭和李石曾当年一模一样的金融产品，获得了诺贝尔经济学奖。

李石曾任中国农工银行董事长，仅凭一个教育扶持贷款项目，就曾经在上海一座城市三天净赚四千大洋，把个总经理齐云卿忙得不亦乐乎。抗战胜利后，台湾回归中国，李石曾慧眼独具，一下子就盯上了台湾的陶瓷和凤梨产业，分别把自己的女婿朱广才和留法学生汪申伯派去台湾，掌握了陶瓷和凤梨的生产与销售，农工银

1932 年，李石曾（右二）、姚同宜（左一）夫妇与程砚秋（左二）、胡天石（右一）在德国

1927 年 4 月，国民政府定都南京典礼时大阅操，前排左起：蒋介石、胡汉民、蔡元培、吴稚晖、李石曾、邓泽如、甘乃光

行大得其利，但李石曾反手就把大把的资金用在向台湾派遣大学生和开展国语运动上。1948 年的清华大学、燕京大学毕业生在李石曾的建议下，全部被派往台湾工作。李石曾的农工银行的钱很快就又花光了。

1930 年夏，又是一个难挨的夏日。李石曾带着二百万大洋的银票，又一次在秦皇岛会见张学良公子。这次是李石曾奉蒋介石之命，邀请张少帅助力蒋系的中原大战，在阎锡山、冯玉祥的背后插上一刀。此时，张学良已是手握重兵、坐稳江山的"东北王"，蒋介石的拜把兄弟。但他见到李石曾李五爷，还是那样谦恭有礼："李先生，你这个全中国最穷的银行家，今天打算输给我多少哇？"

张学良手里的那副麻将，还是那年李石曾送给他的来头不凡的宫中旧物。

"麒麟"与"红象"

　　李石曾有一个天赋过人的本领，这就是他的命名技巧。举凡一生所办事业，大者如故宫博物院之"故宫"二字，小事如女儿李亚梅的书房广修堂，北京西山原名黄瓜园的环谷园，都经他口改换名称而神采焕发。

　　名伶御霜簃，艺名程艳秋。李石曾爱听他的戏，并见他写魏碑字与自己相仿，时余用力最勤，李石曾遂为其命名：砚秋。李石曾说："砚秋，砚田之秋，荒寒之美。"

　　李石曾还有平生最得意的一次命名，即为中国第一家碱面工厂产品命名为"红象"牌碱面。

　　李石曾儿时的开蒙塾师是他的族叔李葆宸。在父亲李鸿藻为他聘请了新式先生齐禊亭之后，李葆宸就回到了家乡高阳。李葆宸在家课书教子，他的儿子中就有一个和李石曾年龄相仿的孩子，名叫李叔良，他创办了一家纺织企业叫"合记"，颇有名气。赚钱之后，李叔良拎着一口袋钞票找到了李石曾，当时的李石曾正在中国政商两界如日中天。

在天津鼓楼李石曾的家，李叔良拍拍装满钞票的口袋问李石曾："五爷，托您的洪福，如今咱们高阳老李家也是有钱的人家了。但赚了这许多的票子银子，该怎么花销啊？族内长老都让我来天津找您老商议一下。"

李石曾笑了，说："天底下还没有我李石曾花不出去的钱！你的纺织厂染布用的谁家的染料？"

李叔良回答："是日本人的东洋染料。"

李石曾问："什么牌子？"

李叔良答："麒麟牌。"

李石曾说："这就好办了。咱们中国人纺织的布，为什么非要用东洋染料？用咱们高阳李家赚的钱办一家染料厂，跟东洋染料对着干！"

李叔良得了李石曾的点拨，如醍醐灌顶，回家马上筹集办染厂的资金再上天津卫，求李石曾跟当局过话儿。很快，他就买下了天津汉沽盐碱滩一大片做办厂基地，紧接着中国第一家染料硫化碱厂诞生了。李石曾在第一批硫化碱面染料出厂时，赶到碱厂，为染料碱面命名"红象"牌。他说："日本人生产的染料碱面不是叫麒麟牌吗？我们中国生产的碱面染料就叫红象牌，比麒麟的体量大几倍！"

不光李叔良听取了李石曾的建议，跟着李石曾勤工俭学留学法国的纺织工程师、远房表亲张汉文也找到了李石曾。原来张汉文所在的东亚毛纺厂生产一种毛线，是中国人第一次用机械化出产的毛线，很受大众欢迎。张汉文找到李石曾，让李五爷给自家产品取一个叫得响的好名字。李石曾手捻着花花绿绿、柔韧厚实的毛线，略一思忖，说："就叫抵羊牌毛线吧，抵羊——抵制洋货嘛。"不消说，这"抵羊"毛线一经面市，便风靡了整个中国，成为百年经久不衰的国货名牌。

眼看着自家的品牌在中国市场的份额被侵占了，日本商人当然不肯就此认输。当年在上海、北平、天津，日本碱面染料、毛线和国货产品展开了殊死的战斗。日本硫化碱面染料先是低价倾销，平日卖一块八一桶的"麒麟"硫化碱，日本商人卖到了一块钱一桶。李叔良的"红象"碱面吃不消了，他只好又找到了族兄李石曾求助。李石曾说："他日本人卖一桶一块，咱们卖八毛钱一桶！资金上你们不用害怕，咱中国人的农工银行做你们的后盾！"

日本商人的"麒麟"碱面终究没有战胜中国商人的"红象"碱面。后来日本商人企图通过法律打败对手，在南京将"红象"碱面告上法庭，还是李石曾通过自己的人脉和影响力，终使日本商人败诉。国产碱面，终于在流通和生产领域全面战胜了日本货。

从此，日本商界对李石曾恨之入骨。1937年日本侵略军占领北平后，第一号通缉令，居然是捉拿中国农工银行董事长李石曾，这不免让人大跌眼镜。李石曾逃出北平前，特意把日本军方的第一号通缉令保存了一张,说:"这是日本人给我发的一枚奖章啊！"

由于长期浸润于法国文化，李石曾对日本文化颇有微词。他认为日本文化是僵化的、奴性的、专制的，这与他一生倡导平等自由的社会理念大相径庭。他自己也与日本侵略者做了一生的战斗。抗战期间，李石曾一直活跃在国际外交舞台上，利用自身的影响力，通过舆论宣传、国际联络和政治斡旋，在历史的紧要关头，作出了

李石曾，1930年代摄

特殊贡献。

1931 年"九一八"事变后，日本军队占领东北三省，紧接着在上海发生了"一·二八"事变。1932 年 3 月，国际联盟在日内瓦召开会议，中国驻国联首席代表颜惠庆将中日问题提交大会申诉，希望国际社会对日本的侵略行径给予关注。这时，正在法国的李石曾也积极行动起来，自己筹资，迅速在法国巴黎商业中心 1 号大厦创建了世界电讯社。为了争取时间，提高工作效率，他不惜重金，以每天五百法郎的高价，聘请两个法国记者协助他工作，每天及时地向世界报道中国的消息，揭露日军侵华暴行，阐明中国人民的抗日立场，以争取国际道义和舆论的支持；同时向国内发回国联大会实况，将参会各国的态度与立场传达给国内人民，坚定抗战信心。世界电讯社还与法国暨欧洲的通讯社互换信息，共享新闻时讯，充当了抗日宣传的急先锋。

世界电讯社是中国有史以来在海外建立的第一个通讯社，也是当时中国唯一一个能够直接与国际社会交流信息的传媒机构。曾任《世界》画报总编辑的陈和铣说："我尝亲身在国联会场记者席，居然与各国记者并肩列席，往来活动，若非依仗石老在海外的努力和名望，安得迅捷组成电讯社，专备有利我方广播工具。"

随后，在国际联盟"李顿调查团"到达中国后，世界电讯社向调查团提供了大量有据可查、无可辩驳的日本侵华事实，再一次发挥了重要作用。

1937 年卢沟桥事变时，李石曾正在法国巴黎，代表吴稚晖会长出席世界文化合作年会暨国际座谈会，他认为法西斯国家侵略之所以能横行肆虐，原因是"现今国际大困难在中、俄、英、美、法五大国不能切实合作，致法西斯主义三国更横行无忌"，他认为联合国际力量，阻止日本侵略暴行的时机到了，于是，在这次大会上，李石曾倡导设立国际反侵略运动总会，并得到了外国友人的呼应与支持。国际反侵略运动总会在巴黎应运而生。1938

年1月，国际反侵略运动总会中国分会在汉口成立，宋子文出任会长，李石曾负责一切具体事务。

国际反侵略运动总会与世界电讯社保持了密切联系。中国抗战的时实动态，以新闻的方式频频见诸国内外报刊媒体，既加强了国人反侵略的信心，同时又强化了国际宣传。

1937年10月，日本封锁了中国的海岸线，来自国外的物资均暂时无法运抵国内，使我国处于孤立无援的境地。李石曾得知情况后，当即在法国购买军火，秘密运到越南附近海域，再从越南运到我国云南境内，不惜一切支持抗战。

当汪精卫投降日本，在南京成立伪政权后，急于谋求国际社会的承认。德国和意大利相继承认了汪伪政权，日本用极大的政治力量去法国运作，以促其承认汪伪政权。当时的法国总理兼国防部长达鲁弟与日本签订了协议，表示封闭滇越铁路，切断中越运输线。中国驻法大使顾维钧虽多方奔走，竭尽全力，但不见成果。1941年3月，法国承认汪伪政权已如箭在弦，并且汪精卫的羽翼也积极在法国活动，形势严峻，顾维钧连连向国内重庆告急，请求派李石曾出面斡旋。李石曾得到政府急电后，立即表示义不容辞，飞赴重庆面见蒋介石。两人深谈至半夜，主题只有一个：决不能让法国政府承认汪精卫的伪逆政权。法国是越南的宗主国，如果任由法国承认伪政权，那么就等于我国多年的抗战成果被毁于一旦。

顾维钧（1888—1985）

　　临行时，蒋介石忐忑地问李石曾："石老，此次出使法国有几成把握？"李石曾张开嘴巴，用手指了指，说："委座请看，我这嘴里有什么？只有一张舌头。就凭这三寸不烂之舌，我也决不辱使命，折冲樽俎，让日本人阶下称臣。"

　　李石曾星夜搭乘私人飞机飞往法国。那时，李石曾参与创建了国际反侵略运动总会，总会专拨一架飞机供其乘用。李石曾临危受命到了法国，立即约见自己的老友——参议长赫理欧、内政部长陶乃荣，讲明此行目的及肩上所负重任，得到两位老友的支持。他们连夜找到法国总理达鲁弟，李石曾坦诚地阐明了法国如承认伪政权对中华民族命运的影响，对国际反法西斯战争形势的影响，以及对法国自身的危害。最终，李石曾说服了达鲁弟，继而改变法国立场，拒绝承认汪伪政权。这一结果，从根本上扭转了历史局势，有力维护了国家主权统一。国际援助交通生命线保住了，中国的抗日战争在最困难的时刻看到了一丝曙光。蒋介石接到外交部长郭泰祺的消息后，激动得与郭泰祺击掌庆贺。

　　顾维钧曾在回忆录中高度评价李石曾："李煜瀛在对法国当局打交道

1938 年 7 月，国际和平运动在法国巴黎召开国际大会，李石曾作为中国代表参会并作发言

上是有独特地位的，事实上，我们可以说他是中法间最密切的联系人，许多法国显要人物对他的话都听得进。"

李石曾，1940年代摄

1941年12月7日，李石曾身在重庆，这天晚宴上当着美国、英国、苏联、荷兰、比利时等国大使、公使和领事的面，他发表演讲，再三强调"中国人决不会投降"，表达了抗战到底的信心。第二天，李石曾飞赴旧金山，途经夏威夷时，遭遇日本空袭珍珠港，炸弹轰鸣，天惨云惊，血光遍地。李石曾在旅馆里见证了这一重大的历史时刻。当日，他接受英文版《自由世界》记者的采访，随后发表了《风云剧变之日飞渡太平洋》一文。他表示，中国的抗战不仅仅是中国对日本侵略者的战争，而且是国际反法西斯战争的一部分。他主张，国际反侵略运动总会的工作重心应由欧洲转到美国，呼吁全世界一切反法西斯力量联合起来。接下来，李石曾着手组织世界同盟国际社团，为中国抗战争取更多外部资源。

1942年，李石曾在纽约创办中文版《自由世界》，他在创刊号上为其定位："自由世界杂志的发行，不仅是一种普遍新闻类的读物而已，而且是一种政治性的具有为世界人类呼号自由、和平民主的喉舌。"他每期都亲自撰文，把一本杂志变成了一方抗日舆论阵地。

抗战胜利后，国民政府授李石曾一等卿云勋章。李石曾说："不如把这枚勋章改成一笔款子，让我入股快要破产的世界书局，为咱们中华文化再添一把火！"

赠你一管孔雀笔

张学良"易帜"，实现了国家形式上的统一，李石曾就迫不及待地进行科教文化事业的整理与开发了。

那些年月真够李石曾忙的。他先是与蔡元培、张静江等提出方案，设立中央研究院和地方科学研究院，又与时任浙江省政府主席的张静江联合建议，在杭州西湖举办规模盛大的西湖博览会。无论外界如何变幻，李石曾最心心念念的仍是他的教育事业。

一系列的办学目标被他提到了日程上。包括实行法国教育制度模式的大学区制，合并北平九所大学，发展中法大学、孔德中学、温泉学校、杭州国

1929年6月，西湖博览会开幕日外景

1930 年 4 月，北平研究院欢宴特约研究员，前排左起：翁文灏、刘慎谔、桑志华、李书华、普意雅、斯文·赫定等

1932 年 1 月，法国物理学家保罗·郎之万（左二）到访北平研究院物理研究所，严济慈（左一）、朱广才（左三）等人迎接

立艺术专科学校、北平国立艺术专科学校。

他甚至设想再请自己的发小儿李叔同还俗出山，担任国立艺术专科学校的校董。为此，他在参加完国民政府定都南京典礼后，就马不停蹄地赶到了杭州，拜会自己心目中的艺术大家李叔同，如今名闻佛教律宗界的弘一法师。

李石曾带着自己的外甥、弘一法师的侄子李麟玉找到虎跑寺，又找到灵隐寺，才寻到了弘一法师的踪迹。刚踏进寮房，弘一法师已经迎了出来。二位美髯公相见，李石曾执住弘一的双手，嘴里喊着他的俗家学名："文涛兄，别来无恙乎！"

弘一法师摇动着发小儿的手，眼里闪过发自内心的亲切，他的手轻轻抚过李石曾的颔下长须，喃喃地回应着："五少爷，先进青年今亦老，风流少年五公子见老喽，见老喽！"

李石曾说："文涛兄，眼下西湖正在开博览会，奇珍异宝，大千世界，容于一室，足下可否前往一观？"

李麟玉在一旁说："二叔，这西湖博览会的大门、展馆设计是姨丈子侄宗侃表弟的杰作，二叔当有兴趣。"

岂料，李叔同捋了捋自己颔下长髯，摆了摆手，说："俗尘万端，俗念千百，与我何益？"

李石曾说："文涛兄还记得我俩昔年在天津之书坛否？

1927年春，李叔同（右）、李麟玉叔侄二人在杭州西泠印社

我与你随严范孙兄、华世奎兄写钱南园的日子，想来像是昨天一样啊！"

李石曾知道，李叔同自出家后诸艺皆弃，唯对书艺情有独钟。弘一法师请李石曾和李麟玉在寺内用斋饭，李石曾则从行李中取出几管毛笔，说："小儿宗伟，在北京西山养鹿为业，所有畜牧动物无不豢养。这是他用孔雀翎毛特制的毛笔，听闻文涛兄诸艺皆弃，只有这书艺还是日研精习，我特意带来一管。听宗伟讲，孔雀翎毛所制毛笔，力度远胜七羊三紫，我平日所用文字都是用孔雀毛笔。今特来以之相赠文涛兄，祈望文涛兄还念你我总角之情，早下决心，还俗助我兴学一臂之力呀！"

弘一法师临终手迹：悲欣交集

李叔同接过孔雀毛笔，眼里似有了一泓清泉样的东西。他说："我是出世的佛子，而五少爷是入世的佛陀呀！"

李石曾终究没能说服李叔同还俗加入自己的兴学大业。

李叔同在定慧寺送别李石曾出寮房的时候，嘴里喃喃唱起了他曾在北京丞相胡同李家教姚同宜弹奏过的歌曲《送别》："长亭外，古道边，芳草碧连天……"这个有些凄清的黯然时刻，让这两位曾经搅动中国现代艺术风云的人物内心涟漪不断。

杭州美景，故人送别，老死未再相见，那是李石曾临终都念念不忘的画面。

我的钱属于青年

李石曾在那个军阀混战、炮火连天的时代，是一个真正的"骑士"。哪里有战火，哪里就有李石曾奔波调停的身影；哪里有灾难，哪里就有他瘦小的身躯在扶危济困。

1931 年 10 月，国际联盟派遣四人代表团到中国考察教育，其中一位是法国科学院院士、著名物理学家保罗·郎之万教授。他兴致勃勃地走访了李石曾创办的北平研究院，又应李石曾之邀，观看了京剧名角程砚秋演出的以"苛政猛于虎"为主题的《荒山泪》，郎之万称赞不已。

在欢送郎之万回国的仪式上，北平研究院请来了上海著名的国乐演奏社大同乐会，演奏家们倾尽全部技能，为法国友人演奏了乐社的代表曲目《夕阳箫鼓》。李石曾作为主宾，一下子被大同乐会笙管笛箫的奇妙之音感动了。郎之万也被李石曾激情渲染的法文翻译感染了，他站在乐手们面前久久不肯离去。大同乐会的领奏郑觐文一脸悲戚地走到李石曾身边，说：

1932 年 1 月,在北平研究院理化部,郎之万(第一排中)与李石曾(第一排右)、
严济慈(第四排右三)、钱临照(第四排左一)等人合影

1932 年 1 月,在北平研究院物理研究所实验室,郎之万(左三)与李石曾(右三)、
严济慈(左一)、翁文灏(左二)、李麟玉(右二)、朱广才(右一)合影

"可怜我们这么美好的国粹,不得不琴瑟分离了……"李石曾问怎么回事,郑觐文说:"这支中国古乐队因为没有收入,缺少资金支持,马上就要断炊断粮缺钱散伙了。"李石曾丝毫没有犹豫地说:"请各位乐手不必担心,我会来负担大家的费用,不能让这么雅致的民族音乐失传啊!"

从此,李石曾每月从个人费用中拿出一百大洋,用于支持大同乐会日常开支以及开展活动。李石曾操办的一系列国际文化组织,如自由世界协会、国际反侵略运动总会中国分会、中国国际图书馆等成立现场,都少不了大同乐会的助兴演奏。大同乐会那支由琵琶曲改编而成的民族管弦乐合奏《夕阳箫鼓》,李石曾不知欣赏了多少回,每回听闻都如闻仙乐般激动无比,后来李石曾为它改名《春江花月夜》,成为中国乐坛上不朽的经典曲目。

1973 年,对于影迷们来说是一个大吉之年。李石曾晚年珍藏的无声影片拷贝《恋爱与义务》在乌拉圭被发现。35mm 的硝酸银拷贝被小心翼翼保存得完美无缺,主演阮玲玉和金焰青春灼人的光彩再现银幕。

1910 年,华南圭(左)与夫人华罗琛在巴黎

这部影片是怎样被保存在乌拉圭的李石曾和夫人林素珊的"李林书屋"里四十多年?

时光倒流到 1930 年代,李石曾在北平东交民巷的一处法式私邸做客。屋主人是李石曾的留法好友、铁道专家华南圭,而李石曾和华南圭的波兰籍夫人华罗琛谈得十分投机。原来这位美丽的夫人是一位高产作家，创作有许多小说、剧本。李石曾听闻华罗琛正在写一部中国家庭婚姻的小说《恋爱与义务》，立即表达了对此书的关注。也许，此时李石曾想到了自己翻译的法国剧本《鸣不平》的情节，他当即表示：自己一定做这部书的第一读者，并要为它拍成电影出一份力。

小说《恋爱与义务》书影

有了李石曾的说项，当时著名的联华电影公司为此作投入巨资，电影未改名，邀请最当红影星阮玲玉、金焰领衔主演，1931年4月甫一上映，就红透了半边天。

李石曾先后三次观看电影《恋爱与义务》，并认为它的艺术价值远非自己的文笔能表达出的，它的社会思想更不逊于《鸣不平》。他让秘书齐云卿请到了阮玲玉，在上海和平饭店大宴《恋爱与义务》剧组。李石曾一改往日滴酒不沾的习惯，提议为阮玲玉的美丽和表演天赋而干杯。

1935年3月8日，对于李石曾和全国影迷来说，是一个悲伤的日子。当天，中国电影巨星阮玲玉弃世自杀！李石曾得知后整日水米未打牙。他特意来到影院，安排影院专场放映《恋爱与义务》。李石曾在观影间隙一次又一次起身离座，老泪横流。他说：

电影《恋爱与义务》剧照

"阮玲玉小姐弃世，对我的文化事业的打击是无以复加的……"十数年之后，李石曾仓皇逃离大陆，临行前整理行李，他专门嘱咐齐云卿和儿子李宗伟：一定要带上阮玲玉的电影《恋爱与义务》！

钱直向所列李石曾一生创办事业与机构名录

李石曾一辈子办了多少事业？李石曾一辈子挣了多少钱？按照他早年秘书钱直向的统计，他创办的事业与机构一共是六十二项。他挣来的真金白银，银洋法郎美元港币，水流一样注入了遍布世界各地的文化组织、教育机构。政治世家出身的李石曾对政治并不热心，反而希望以教育来达成社会的改革。李石曾说过："我不是从事政治生涯，政治无论如何腐败，我可忍下。若有人破坏我的留学事业，反对我的教育运动，充其量我可以牺牲一己之性命以办事。"他认为，要建立一个新国家、新社会，必须把培养人才作为第一要务。唯青年是一个国家的希望所在。

"我的钱属于青年！"在《恋爱与义务》电影首映式上，李石曾对阮玲玉动情地如是说；在创办中华戏曲专科学校时，李石曾对他后来的亲密爱人林素珊深情地如是说；在里昂中法大学第一届毕业生的毕业典礼上，李石曾激动地如是说。

我们的坟墓要在一起

　　让·奥古斯丁·贝熙业，安德烈·铎尔孟，李石曾。两位法国人，一位中国人，曾经是民国时代著名的京城"铁三角"。

　　1923 年，贝熙业通过李石曾在北京西山北安河买下几亩荒山地，修建了中西合璧的别墅——贝家花园。贝熙业参与了整个建筑蓝图的设计，李石曾请来了当时京城最好的工匠。贝家花园南、北、西三面环山，依山势而建起三组院落建筑群，占地约一平方公里，最高处海拔约四百米，紧邻鹫峰森林公园。贝家花园建成之日，当地村民敲锣打鼓，燃放鞭炮前来庆祝。贝熙业十分感动，特意穿上正装在门口迎接乡亲。

贝家花园南大房

贝家花园的北大房是主人起居的一栋二层小楼，楼前的花园、藤架、喷泉、水池、石桥等园林小品，别有意境。贝熙业还亲手栽下七叶栗树。南大房为一座五楹的中式建筑，位于地势最高处，是贝熙业吃饭和宴请朋友的地方。房前面有一块空场，视野开阔，北安河附近的烟村人家尽收眼底，远眺即可观赏到京城西部的景色。

贝熙业将沙龙带入中国，每周三的贝家花园可谓高朋满座。流连于此的法国人除了铎尔孟，还有后来的诺贝尔文学奖获得者圣-琼·佩斯，迷恋中国文化的诗人谢阁兰，考古学家德日进。而中国人中，没有比他的密友李石曾跑得更勤的人，还有中法大学校长李麟玉，留法大夫朱广相，同仁堂药房乐均士、乐夔叔侄都是这里的常客。慈禧太后御前女官德龄、容龄姐妹也均为贝家花园座上宾。

这位大胡子的贝熙业大夫来到中国的时候已经四十一岁，刚从法国军队随军医生的职务上退休。那时，已经在中国生活多年的铎尔孟正接受李石曾的建议，在为北京城缺医少药的中国人寻找一名全科医生。贝熙业接

贝熙业（左）与妻子吴似丹

铎尔孟（右一）在贝家花园

受好友铎尔孟的邀请，1912 年 4 月来到中国。

　　贝熙业的第一站是天津，李石曾特命自己的司机开上北京城没有几辆的别克轿车，和铎尔孟专程赶赴天津迎接。回京路上，李石曾一口流利的法语令贝熙业感到震撼。他说："我还从未见过一个中国人，把我的母语说得这么流利而文雅。"李石曾说："我深信，用不了多长时间，我能听到您讲中文像我讲法语一样流利。喏，就像铎尔孟先生，一口京片子。"

　　贝熙业成为法国驻北京公使馆医生，同时兼任东交民巷法国医院的大夫。贝熙业在普外科的高超医术很快声名远播，李石曾为贝熙业介绍了一大批高端病友：袁世凯，徐世昌，陆军总长靳云鹏，伶界新锐梅兰芳，画坛干将徐悲鸿，以及他的老友蔡元培、吴稚晖。袁世凯去世前请的最后一位医生也是贝熙业。

　　李石曾的留法弟子朱广儒、乐夔从法国学医回来后，都被李石曾招至贝熙业门下。王府井甜水井胡同的万桑医院成了京城百姓的一个救命神仙之所。而西山的贝家花园，也经常是人满为患，病人比沙龙的宾客多上不知多少倍。自贝熙业搬来贝家花园住后，附近北安河、温泉的村民，患病时经常找上门请他医治，贝大夫总是有求必应，并且是免费诊疗。有时病号多得忙不过来时，贝熙业大夫总是临时抓上一个客人当助手，不管你是大学校长，还是使馆官员，不由分说就让你穿上白大褂，充当临时护士。李石曾也被多次抓丁，充任男护

贝熙业（右）为贝家花园附近的村民免费看病

士之职。最有趣的一次是西山村里来了一位孕妇，来就诊时痛苦无比。经贝熙业大夫诊断是宫外孕。当时的贝家花园里只有李石曾在，贝大夫命李石曾换上白大褂，戴上消毒手套，跟他一起施行妇科手术。李石曾真真切切地当了一回妇科"医生"。从此，他对外科和妇产科医术在中国的推广格外走心。后来，他的孙子、重孙子女都无一例外地学了医学，成为世界医学界的著名医生。他的重孙女更是成为日后世界医生组织的首领，把自己的生命都留在了非洲抗击病魔的前线。

李石曾当然不会忘了贝熙业大夫为自己制作蒸馏水的场面。那时李石曾旧疾复发，胃病、皮肤病一齐来袭，非常痛苦。李石曾来到西山，邀请贝熙业、铎尔孟同浴温泉。他们袒胸露背地在温泉里泡了十几个小时，直至浑身通泰，满面红光。贝熙业说："李先生，你的胃病很重，身体很瘦，应当常年饮用蒸馏水。过一会儿，回到我的花园，为了你，我以西山温泉为原料做蒸馏水吧。"

就在西山的贝家花园里，贝熙业第一次制取出了中国第一瓶蒸馏水。李石曾捧着导管里提取出的蒸馏水，高兴极了："贝大夫，浩然先生，你们的心就像蒸馏水一样的纯洁明净啊！从今往后，我非这人间最美的醇醪不饮了！"自此，李石曾无论身处何地，寸步不离贝熙业专门为他制作的蒸馏水。

孙中山移灵西山碧云寺，他为蒋介石、宋美龄准备的饮料是蒸馏水。毛泽东、蔡和森拜访小南园别墅，李石曾也是用贝熙业为他制取的蒸馏水招待他们。世界教科文组织成立大会，李石曾和吴稚晖专程从中国带到法国巴黎几箱蒸馏水，为世界科教文化的盛会干杯。在中国国际图书馆开馆仪式上，李石曾手捧蒸馏水祝酒说："从事世界科教文化活动，没有一个蒸馏水似的纯净灵魂，殊不可信乎！"

　　1937 年春，中日之间战事频露端倪的时候，李石曾和铎尔孟来到西山贝家花园，李石曾、铎尔孟和贝熙业三人在饱餐了法国长棍面包、西山蒸馏水之后，开始了遍山的寻访。李石曾领着两位法国朋友来到一处清幽之地：环谷园。李石曾说："这是过去皇姑去世后安葬的地方，想必风水不错。庄稼人把它叫黄瓜园。这里有皇家陵寝，有新鲜庄稼，我又来这里搞农林试验场，故改名环谷园。山谷云出岫，环绕碧水流。我的意思是咱们的万年吉地就选在此吧！"

　　原来，当天三人遍访西山的目的，是为自己百年之后选址。在确定了墓址之后，李石曾让他的侄子辈、留法建筑师李宗侃、段其光和贝熙业合作，为他们三人设计了中西合璧的简洁墓园。吊诡的是，三个仙风道骨的白胡子老头儿，死后没有一人埋骨在这块他们最为心仪的风水宝地。

　　现如今的北京西山，除了那条被旅游者反复走过的贝熙业"冒着生命危险开辟的一条自行车'驼峰航线'"，以及贝家花园里不断举行茶会酒会的传说，还在不断延续着两大浪漫民族的如风往事。这里，有李石曾姚同宜夫妇赠给贝熙业的一方"济世之医"石匾，由西山温泉疗养院移至贝家花园，嵌于碉楼正门之上。石匾由李石曾题写，字迹依稀可辨：

　　贝熙叶先生医学精深，名

贝家花园碉楼门额上的"济世之医"石匾

满中外，乐待吾人，为之介绍。先生更热心社会，此或非人所尽知，但温泉一带，则多能道出。温泉颂有云：济世之医，救民之命。虽为断章取义，适合于贝先生。

民国二十五年春日刻于温泉

姚同宜、李煜瀛题赠

写于1936年的这段文字，是贝熙业医德人品的重要见证。

这里还有一座"贝大夫桥"。建在西山的中法大学成立后，贝熙业被聘为校董。中法大学附中温泉中学邻近贝家花园，师生有急病也找贝大夫医治。西山夏天多雨，山路经常被冲坏，贝熙业的轿车常被困在山脚下无法动弹，1931年春，温泉中学师生集资，在温泉村西建起一座花岗岩石桥，起名"贝大夫桥"。李石曾题写了桥名，四个硕大的颜体字，与他题写的故宫博物院的牌匾字体一样雄浑，刻在石桥北侧的梯形护栏石上。

贝熙业与贝大夫桥，1930年代摄

两盒火柴与一颗柿子

　　"敢云大隐藏人海，且对青山读我书。"这是李石曾非常欣赏的一副对联。曾在很长的时期，执掌故宫博物院时，创建北平研究院时，每逢过年时，他都要书写这副对联，贴于住室门上。访者见了无不奇怪：党国大佬还要大隐于世么？李石曾本质上不是一个隐士的性格，他虽然从小就很有佛缘，晚年也自命"石僧"，但他天资禀赋中是一个积极入世的实干家。但他所处的时代，他所经历的人事变幻，正应了一句古话："天上浮云如白衣，斯须改变如苍狗。"

　　他起初是国共合作的重要推手，与共产党的要人李大钊保持了一生的友谊。1926 年，他与李大钊一起被段祺瑞执政府通缉后，还安排李大钊到他的西山疗养院躲避。但李不听其劝，进入俄国使馆避难，后遭逮捕。李石曾自此坚称以后再不参与党争。但"党争"总是一次又一次地找上他。著名的"故宫盗宝案"曾在一个时期让他声誉大跌，他如老僧入定，不置一词。他称为"溥泉太政治，整天发神经，他的太太更是神经病"的民国狂人张继和夫人崔振华为了故宫里的几匹绸缎和药材，把他和亲家——故宫博物院院长易培基必欲置之死地而后快，李石曾大隐于世，不发一言。十几年的光阴，清者自清，浊者自浊。国民党败退台湾前，曾经的老友张继对此事很后悔，曾对历史学者徐旭生说："很对不起李石曾！"欲找机会弥合矛盾，再续前缘。李石曾不为所动，张继在稳如泰山的老友面前终生抱愧，终因心机太重一命呜呼。彼时，李石曾正在台湾他新发现的温泉里泡澡，一泡就是一整天。

北平研究院，这是李石曾一生投入心血和智慧最多的事业。对北平研究院，他可谓殚精竭虑，无以复加，甚至当上了他一生最为厌恶的挂"长"字的官——北平研究院院长。若比较民国年间官方两大科研机构中央研究院和北平研究院，以中央研究院居于中枢、远涉中外的高端位置而言，北平研究院作为一家地方科研机构，似乎更为外界所知，取得的科研成果更为丰硕。

北平研究院总办事处，位于中南海怀仁堂西四所

李石曾聘请贝熙业为北平研究院特约研究员的聘书

不同于中央研究院的高高在上，北平研
究院作为一家地方科研机构，获取资金的渠
道、接触政府决策机关的机会都要远远弱于中
央研究院。虽然李石曾也是中央研究院的最初
提议者，但他的工作主方向显然是在北平研究
院。他把中央研究院的院长职务举荐给蔡元培
担任，自己带着国民政府拨付的三十万元资
金，赶回自己的出生地北平，在中南海紫光阁
内开启了建设北平研究院的艰辛历程。

北平研究院药物研究所所长赵承嘏

北平研究院药物研究所成立伊始，没有
一分钱的研究费，全凭李石曾拉来的各方捐款维持。他把留学瑞士的博士
并曾在法国罗克药厂工作的赵承嘏请回来试验新药。机缘也很巧合，李石
曾在上海药学所做考察，看见赵承嘏在研究室里吸烟，居然使用两盒火柴。
他好奇地问："赵先生缘何如此奢侈，吸烟还用两盒火柴？"赵承嘏笑着
回答："院长有所不知。承嘏烟瘾大，火柴用得多。我在实验室里吸烟，
用的是院里的火柴；回到办公室，则用的是家里带来的火柴。这叫公私分明。
火柴一盒事小，心有公私为大。"李石曾大为惊骇：一盒火柴赵先生都如
此守礼、严苛，这是最严谨的科学家精神！李石曾当下就书写了任命赵承
嘏为北平研究院药物研究所所长的聘书。北平研究院药学所成立时间最短，
取得的科研成就最大。

徐旭生，我国考古学史上一位里程碑式的学者。他在北平研究院时期
的非凡经历，与李石曾有很深的渊源。

徐旭生比李石曾小七岁，祖籍河南南阳，1913 年公费留学法国，入巴
黎大学学习哲学，留学期间即与李石曾相识。1919 年，徐旭生学成归国，

徐旭生留学法国照，1910 年代摄

先后任教于北京大学、北平师范大学等多所高等学校。他不仅仅是一个书斋式的学者，更是一个忧国忧民、改造社会的实践者。他与留法好友、李石曾的侄子李宗侗一起主办《猛进》杂志，发表了大量抨击时政、唤醒民众的文章，深得李石曾的赏识。

1932 年，当李石曾得知徐旭生因抗议教育部拖欠拨款而辞去北平师范大学校长职务，身为北平研究院的院长，他立刻邀请徐旭生到该院史学研究会（所）任职。从编辑到研究员，再到考古组组长和所长，徐旭生正是在北平研究院完成了从哲学与教育事业向考古与历史研究的学术转型。

当时中国考古领域有两个重要系统，一个是徐旭生负责的北平研究院史学研究所考古组，另一个是以李济、梁思永等为代表的中央研究院历史语言研究所考古组。后者在 20 世纪二三十年代进行的安阳殷墟发掘奠定了商代考古的基础，将商史变成信史。而徐旭生却凭借其精深的史学功底和丰厚学养，以及"向自然界求学问"的敏锐眼光，1933 年在李石曾院长的大力支持下，徐旭生亲自带队前往陕西，从主持宝鸡斗鸡台遗址的调查发掘开始，开启了"周秦文化起源"研究的先河。1934 年，北平研究院与陕西省政府联合成立西北地区第一个考古机构"陕西考古会"，徐旭生任工作主任，历经四年，对关中遗址、遗迹完成了大规模、全景式的调查，与中央研究院的殷墟考古相呼应。全面抗战爆发后，徐旭生随南迁的北平研究院到了云南昆明，住在乡下黑龙潭，度过长达八年的大后方的研究生涯，完成传世之作《中国古史的传说时代》，并在战时出版。新中国成立后，北平研究院史学研究所并入新成立的中国科学院考古研究所，徐旭生担任研究员并继续他的古史研究。1959 年夏，七十二岁高龄的徐旭生亲自奔赴河南西部地区，寻找失落数千年的"夏墟"，从而发现了偃师二里头遗址，徐旭生也因此成为夏文化探索的开拓者。

苏秉琦，这位被誉为中国现代考古学的奠基人，1934 年从北平师范大学历史系毕业后，原本想在北平或老家高阳当历史老师，不意被李石曾安排进了北平研究院史学研究所，所长正是徐旭生，下设考古组和历史组，苏秉琦进了刚刚起步的考古组。参加工作的第一年，他就被派往陕西宝鸡斗鸡台，跟随徐旭生从事田野考古，由此开启了长达六十多年的考古生涯。

北平研究院在宝鸡斗鸡台遗址的考古发掘中，一无钱粮，二无经验，苏秉琦跑回高阳老家，找到三兄苏秉璋，准备从织布厂里支取分家后属于自己的那份资金，用于斗鸡台遗址考古。三兄苏秉璋问："这个北平研究院是谁办的，怎么还让职员做事搭上自己结婚的彩礼钱？"苏秉琦说："北平研究院的当家人不是外人，就是咱们高阳的五少爷李石曾先生。"三兄苏秉璋一听李石曾的名字，二话不说，立刻给四弟苏秉琦拿了现金五百大洋，分藏在几个麻袋的货物里，又雇了两匹骡子，苏秉琦日夜兼程，把钱带回

1933 年，苏秉琦在老家高阳。仝和工厂为苏家三兄弟创办的纺织印染厂，工厂大门题刻的藏头楹联"仝心勤织纺，和气乐经纶"为李鸿藻撰写

了宝鸡斗鸡台。

徐旭生和苏秉琦为陕西现代田野考古挖下了神圣的第一铲。北平研究院在陕西的考古活动，至今仍被认为是陕西现代考古的奠基和起步，是陕西考古史具有里程碑意义的重要事件。

留法勤工俭学学生朱洗是与李石曾心心相通的生物学家。李石曾非常关注朱洗的研究，什么单性青蛙的培育，蓖麻蚕的野蚕驯化和经济鱼类繁殖……很多技术都在世界生物界的前头。李石曾为了生物研究所的研究，先后把生物所从北平搬到上海，再搬到台湾，只为了气候条件更适合生物研究。

北平研究院药物所小型制造部生产的哮喘麻黄素、大枫子油露（麻风特效药）、止血素、维生素 B 等，以价格低廉、药品纯粹，广泛供应中外人士，也为研究所提供了一部分经费。大枫子油露畅销各处麻风病医院，中华麻风病救济会等来函证明出品纯度高，注射后无毒性反应。

北平研究院在李石曾的带领下，迈上了世界科研领域的最前沿。

1948 年 7 月 12 日，李石曾与夫人林素珊由上海飞北平，参与筹备北平研究院学术会议及主持第二次开幕典礼。9 月 9 日，北平研究院成立十九周年纪念日，中南海怀仁堂灯火通明，李石曾和北平研究院的九十多位科学家、教育家畅叙十九年来北平研究院的历史与不凡岁月，不少老友洒下了激动的泪水。精美无比的北平研究院纪念册印出来了，李石曾也不得不在深秋离开北平。这次大会就像香山的红叶一样，辉煌而短暂。

李石曾下榻在女儿李亚梅家王府大街 30 号，李石曾为其题名"广修堂"。李石曾在这里，接待了北平行营主任李宗仁、华北"剿总"总司令傅作义，他们都提出来，要派兵保护李石曾的社会事业：西山温泉疗养院

李石曾（前排中）与北平研究院同人：严济慈（前排右）、彭济云（前排左）、
钱临照（后排左）、钟盛标（后排中）、吴学蔺（后排右），1930 年代摄

抗战胜利后，北平研究院史学研究所同人徐旭生（左三）、顾颉刚（左五）、苏
秉琦（左二）等人在怀仁堂西四所旧地，1940 年代摄

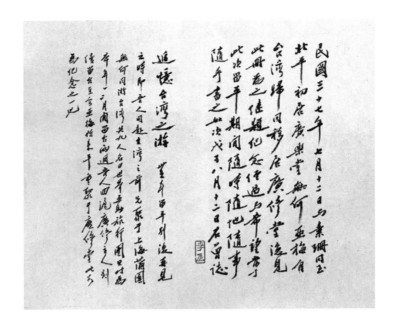

1948 年 8 月 12 日，李石曾题于女儿亚梅生日册

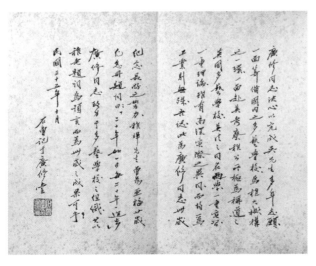

李石曾手札，落款为"广修堂"

李石曾题赠朱广才：互助合作

1948年8月6日，李石曾为朱广才生日而作，落款为"广修堂"

和农林试验场，东黄城根的中法大学，中南海里的北平研究院，他的别墅小南园。

李石曾说："不用费一兵一卒。天下为公，天地是我父母，万物是我兄弟姐妹。它们有它们自己的命运。"

李石曾来到碧云寺，拜别了孙中山衣冠冢。他又来到他一手创建的故宫博物院，走到自己曾带着女儿李亚梅睡过一夜的宫殿，激动地复述起当年的讲演词："余素主张，使故宫博物院不为官吏化，而必使为社会化；不使为少数官吏的机关，必为社会民众的机关……"

9月12日，是李石曾离开北平的这天。女儿亚梅家的院子里有一棵柿子树，秋风涌起，柿子只剩下树梢上一枚，红彤彤的甚是好看。六十八岁的李石曾双手拢着自己的一头白发，仰头望着北平城蔚蓝的天空，对外孙朱敏言说："小财迷（朱敏言的乳名，其父名为广才，母亲法文名字咪咪），你能爬上树梢，给外公摘下那颗柿子来吗？"朱敏言高兴地回答："能！"

就这样，李石曾带着自家院里的一颗柿子，离开了北平，从此再未回来。

1957 年，李亚梅、朱广才夫妇在北京

1981 年，李亚梅在中国革命博物馆"留法勤工俭学史"展览前，
凝望父亲李石曾的照片

喜有艳妻方与齐

1941 年 12 月 10 日，法国里昂的一家医院里，李石曾的夫人姚同宜因病咽下了最后一口气。李石曾儿子李宗伟在短短一年时间里连续失去了妻子和母亲，一下子陷入了昏天暗地的悲哀之中，连丧事也料理不下来了。关键时候，李石曾留学法国期间的人脉和影响力发挥了作用——这所医院的院长正是李石曾的密友，在李石曾留法期间，他是这家医院的主要金主之一。红鼻子、小个头的医院院长做出了一个重大决定：用最新实验手段保存李石曾夫人姚同宜的遗体，等待自己的密友李石曾日后前来相会！

整整四十年后，李石曾的后人和法国友人才依依不舍地把李石曾心爱的"仙鹤姐姐"姚同宜葬于里昂最豪华的公墓中。法国医生保存中国妇女李石曾夫人遗体的轰动性新闻，几十年来一直是法国人津津乐道的浪漫话题。李石曾当年在忙完阻止法国政府承认汪精卫伪政权的国家大事后，才抽身赶到法国里昂，送妻子最后一程。他当时决定，把妻子遗体长久地保存下去，费用自理，一直到不能保护为止。年届七十高龄、须发皆白的他，曾带着后来的妻子林素珊一起看望"仙鹤姐姐"。只见他手挽林素珊，恭敬地站在第一任妻子的遗体旁，深深地三鞠躬……

在李石曾看来，他的漫漫人生路途中，身边始终有勠力同心的红颜知己与他同呼吸共命运，这是他人生最大的胜算！

命运好像故意与李石曾作对。他在民国初创就创办了"八不会"，其中核心的条款就是男子不许纳妾，他也一生谨遵这个自己提出的戒条，但命运就是似乎专门与他作对，他的夫人一个个先后离他而去，他不得不先后娶了四个妻子。不，应该是三个妻子，第二个为红颜知己，不能算作明媒正娶的夫人，那是在美国的难堪岁月里的一抹艳遇么？

原配夫人姚同宜是他的表姐，是他的"仙鹤姐姐"，是他的革命战友，是他的工作助手。奈何在日本人侵占北平的时候，姚同宜先是迁居上海，后去法国以避战乱。长途漫漫，姚同宜在路上就患了重病。他们的孙子在轮船上感染了时疫霍乱，根据乘船合同，染瘟疫者要投之于海。姚同宜和儿媳使出了浑身解数与轮船公司力争，孩子保住了，但婆媳二人为此身心俱疲，儿媳齐星占为此患上了疯癫。在法国仅仅一年，去国离家的姚同宜就和儿媳齐星占先后患病去世。

李石曾听闻变故，对着地图上的日本版图咬牙切齿地喊道："小日本，我与你势不两立！"怀着对战争的憎恶和对亲人的怀念，李石曾全身投入世界反侵略运动的国际外交活动中。

1942年11月，宋美龄访问美国求取援助，李石曾从旁助阵。12月，他在美国纽约主持召开第一次世界国际社会大会，呼吁世界各国政府维护和平，反对法西斯侵略战争。张静江被推选为大会主席，美国总统罗斯福夫人亲自为这次活动站台，主持了闭幕式。在这次大会上，李石曾与一位

1937 年抗战前夕，李石曾（前排右三）、姚同宜（前排左二）夫妇与儿子宗伟、女儿亚梅两家人在西山小南园

高鼻广额的希伯来族女子萍水相逢，坠入爱河。这位后来被李石曾改名为茹素（Rosenberg）的世界公民，成为他的第二任妻子。这场婚姻关系离奇超前，当年就在中美两国知识界掀起了舆论的狂潮，及至今日，还有人怀想叨念它的浪漫和离经叛道。

请看这则结婚协议：一、双方经济各自独立，不相干涉；二、一方如欲离婚，只需提出即可成立，无须征得对方同意。年逾六十的中国男人李石曾与犹太女子茹素，用自己有家难奔、有国难投的切身遭遇，找到了相互慰藉的港湾。

李石曾在纽约请到兄长般的密友张静江为他和茹素主婚。张静江因为躲避战争，拖着病残之躯辗转逃命来到纽约。是夜，李石曾和茹素在张静江的公寓里彻夜长谈，长啸而歌，最后居然抵足而眠，度过了一个难忘的新婚之夜。

婚后，茹素积极参与到李石曾的事业中来。当李石曾发起"世界素食同志联合会"后，因为有了茹素英文打字机的加持，李石曾连续写作了大量的文章介绍素食的好处，以食素的方式拒绝杀戮，呼吁和平。茹素则建议素食者分为"全素会员""期素会员""节制会员"。李石曾为她正式改名：李茹素。

经历了珍珠港事件后，李石曾和茹素严肃地讨论起世界局势，均认为应成立一个国际组织，制止类似惨绝人寰的事件再发生。几年后，当美国总统罗斯福提出建立联合国的时候，李石曾和

李石曾手书：风雨同舟

茹素几乎同时发文，表示拥护建立这一国际组织的伟大设想。李石曾对茹素说："我俩真是立场契合的政治夫妻呀！"

战后，李石曾和茹素倾尽全力投身到敦巴顿橡树园联合国成立前最重要的一次会议的进程中。他们两人成为中国政府联合国会议代表团的编外成员，为橡树园会议的成功召开做了大量工作。

李石曾和茹素两人都是社会活动家，各有各的事业，婚后在一起的时间屈指可数。抗战胜利后，李石曾回国，继续出任北平研究院院长，忙于各种事务。而茹素一直居住在美国，并加入了美国籍。两人聚少离多，四年后最终分手。

林素珊，李石曾的第三任妻子。林素珊从外甥媳妇到正室夫人，她与李石曾的夫妻之路，颇有几分滑稽、几分怪诞。

时任中华戏曲专科学校校长的焦菊隐（左）、副校长林素珊（右），1930 年代摄

　　林素珊原是戏剧家焦菊隐的妻子，而焦菊隐又和李石曾有着通家之好，称李石曾为"二舅"。说来话长。焦菊隐的曾祖父焦佑瀛曾是清朝咸丰皇帝托孤的八位顾命大臣之一，后因冒犯慈禧太后而遭罢黜，蛰居天津。李石曾的父亲李鸿藻与焦佑瀛同朝为官，他俩既是姻亲、挚友，又同为汉官，所以交往极深。当年焦佑瀛先被充军新疆而后留在天津，与李鸿藻在慈禧面前说了不少好话大有关系。李石曾夫人姚同宜是天津姚家姑奶奶，而焦佑瀛的夫人也是姚家的姑奶奶，但辈分不同。焦菊隐于 1928 年夏从燕京大学毕业，他想起李石曾应允过送他去法国勤工俭学，于是便给在上海的李石曾写了一封信。其实焦菊隐想要出国留学的另一个原因，是想摆脱和他订婚数年的林素珊。林素珊原本也是燕京大学的学生，后来转入女师大，是学校中引人注目的新女性。而当她得知焦菊隐想借留学与她分手，不由得陷入痛苦的深渊。如果是男方单方面解除婚约，那对女方将是极大的难堪，即使像林素珊这样的时代新女性也是承受不住的。林素珊开始四处找人劝阻焦菊隐。因焦菊隐的关系她得识李石曾，并在李家常有走动，就先去找了李石曾夫人姚同宜，跟她倾吐了内心的苦衷，恳求李石曾帮焦菊隐在北京安排工作，不要让他出国；林素珊又去找了焦菊隐的祖父，请家人敦促焦菊隐完成结婚仪式。李石曾还真出面了，给当时的北平市长何其巩发了电报，推荐焦菊隐做市立二中校长。焦菊隐当然不愿做中学校长，也不愿结婚，可是留法之路已断，无奈之下，于 1928 年冬和林素珊在北京饭店举办了结婚仪式。证婚人为国民党元老吴稚晖。

　　李石曾非常看重焦菊隐的戏剧才华，他回到北京找焦菊隐谈话，说他正在筹办一个戏曲学校，准备力荐焦菊隐当校长。第二年即 1930 年 8 月，中华戏曲专科学校在北京崇文门外木厂胡同 52 号成立了，李石曾自任董事长，任命焦菊隐为校长、林素珊为副校长。学校聘请京剧名家来任教，

李石曾（前排左三）与中华戏曲音乐院程砚秋（前排右二）、林素珊（前排左一）、金仲荪（前排左二）、徐凌霄（前排右一）、焦菊隐（后排左一）等同人，1930 年代摄

1932 年 1 月 8 日，程砚秋（前排左三）赴欧洲考察前，李石曾（第二排右一）、梅兰芳（前排左二）、齐如山（第二排右三）、荀慧生（第二排左二）、焦菊隐（第三排左三）、李宗侗（最后排右三）、李麟玉（最后排左二）等人，相聚北平市长周大文（前排右一）私宅，为程砚秋送行

同时采用现代教育制度和方法，除京剧各种必修课目外，增设了国文、历史、外文等课目，并破除了戏曲教育中的一些陈规陋习。自1930年至1935年夏，在焦菊隐主持下，培养了"德、和、金、玉、永"五班学生，从此改变了中国戏曲的发展方向。

　　但李石曾知道，焦菊隐是个剧作家、读书人，对行政事务一窍不通，一切事务全凭他的夫人林素珊里外操持，是林素珊维系着中华戏曲专科学校的正常经营。外界均尊称女强人林素珊为"林先生"。从什么时候起，李石曾发现了林素珊的管理和交际才能呢？大概是那场李石曾出面张罗的为中华戏曲专科学校募捐的酒会吧。李石曾邀请来了一干大银行家，诸如冯耿光、罗瘿公、宋子良等人，林素珊以女主人的身份祝酒布菜，演唱国剧，风头盖过了校长焦菊隐。不知是哪个银行家提议的，焦太太如若再饮几杯白酒，以一杯为限，每饮一杯，在座的银行家们每人再为戏曲学校捐一万大洋。林素珊当着李石曾几人的面，端杯豪饮起来，连喝五杯，挣得了大洋五万元。也许就是从那个时候起，李石曾对林素珊的能力刮目相看起来。

　　焦菊隐与林素珊之间本不稳固的感情，随着时代动荡而最终消失殆尽。1946年，焦菊隐与林素珊办理了离婚手续，和平

1947年，李石曾与林素珊举行婚礼的新闻照片

分手。

次年 2 月 2 日，李石曾与林素珊在上海林森中路（霞飞路）世界会所举行婚礼。据《申报》报道，结婚礼堂内，道贺的宾客挤得水泄不通，门口挂着一副贺联："白首盟心共拯世界，赤诚永爱重建家庭。"礼堂正中壁上写着"互助"两字。新郎陪同新娘乘花车到达，在进门石阶处即被摄影记者团团包围了。新郎长袍马褂，精神矍铄，新娘红花旗袍，发上插一朵红花，笑意盈盈。

老友吴稚晖为证婚人。社会各界名流章士钊、吴湖帆、严独鹤、沈迈士等纷纷到场祝贺，婚礼一时轰动上海。李石曾专为婚事在报纸上撰文，介绍两人相识相爱的过程：

> 林素珊女士，早年伉俪均为煜多年同事，去岁其家庭发生变化，煜为调处无效，而得知女士较深，颇增敬佩，于其解除家庭关系与名谊后，煜与共同工作《世界》刊物，研究人群哲理，志同道合，洵为贤助，因求与之续成正式家庭，期与社会革新相辅而行，尤非林君莫任。以我将近七旬之高龄，不为所弃，于其屡示逊谢忠虑之后，而卒允我请，并极谦挚言曰：视我为师他非所计，此均煜至深纫感者。社会友朋以林先生视之，吾亦以先生视之，不仅在英文教课而已。总之吾人之互敬、互助、互爱，同誓永久，敢布至诚。

《新闻报》1947 年 2 月 1 日的新闻报道"高龄爱侣白首盟心"

婚前，李石曾致电纽约第二位夫人茹素，正式与之解除婚约。李石曾在电报上嘱咐茹素："我之姓任由夫人留用纪念。可对外称为'李茹素夫人'。"茹素还专门为李石曾和林素珊发来了祝贺电报。以后的日子，茹素也与李石曾的家庭保持了亲切关系。李石曾每到纽约，必去探望茹素。

林素珊与李石曾度过了不到十年的夫妻生活，一起编辑《世界》杂志，一起经营世界书局，一起组织世界素食组织。由内地而香港，由香港而乌拉圭。在乌拉圭首都蒙得维的亚，李石曾度过了七十大寿，好友吴稚晖从台北寄来贺诗：

> 人生七十古来稀，喜有艳妻方与齐。
>
> 画眉举案并相祝，百岁巍坊可预题。

李石曾夫妇在乌拉圭居住数载，从事国际文化交流活动，不料1954年2月1日，林素珊因脑血栓突然病逝，李石曾悲痛至极，亲视含殓，葬于孟德维的亚公墓。

李石曾的最后一位夫人名叫田宝田。1956年，李石曾从乌拉圭返抵台北，经老友齐如山的介绍，于次年7月28日与山东籍的田宝田女士结婚。这是李石曾的第四次婚姻。田女士辅仁大学社会科学系毕业，系"外交部亚东司"帮办田宝岱之

1957年7月28日，李石曾（前排右四）与田宝田（前排右五）婚礼留影。坐者为李石曾之嫂，证婚人为齐如山（前排左三）、马寿华（前排右一），介绍人为徐永昌（前排左二）、徐培根（前排左一）

1958 年春，李石曾（左）与田宝田在台湾广播电台播音室　　　李石曾为夫人田宝田画作题款

胞妹，她的丈夫是原籍福建的一位空中飞虎，不幸在一次空战中殉职，留有一双儿女。结婚之日，七十七岁高龄的李石曾和时年四十二岁的田宝田，可谓"忘年伴侣"，一时传为佳话。喜堂设在齐如山的客厅内，由齐如山、马寿华为证婚人，徐永昌、徐培根为介绍人，李氏四嫂符曾夫人、田宝岱为主婚人。婚礼结束后，李石曾和田宝田宴请了少数亲友。李石曾从此定居台湾，老夫少妻共同生活了数载后，1962 年田宝田率其子女前往美国纽约，夫妻始分隔两地。李石曾利用经常出国的机会，曾数次转道纽约，与妻子团聚。

李石曾晚年的房间里，挂有几位妻子的画像。鹤发鸡皮的李石曾总喜欢在房间里踱来踱去。他嘴里含糊不清地念叨着："仙鹤姐姐，茹素夫人，素珊先生，宝田，你们永远是我心里的'艳妻'！"

中国的狄德罗

　　1951 年 8 月 21 日，台湾基隆港海风飒飒。一艘巨大的轮船缓缓靠岸，岸边站着一支表情肃穆悲戚的迎灵队伍。为首一位老者皓首鸡皮，浑身似乎在颤抖。他就是两年多来首次返台的李石曾。他要迎接的灵柩的主人叫杜月笙，一位中国现代史上不可或缺的闻人，也是李石曾从事文化教育活动改造最为成功的原罪人物。本来，李石曾在乌拉圭生活得如鱼得水，波澜不惊。他似乎不再关心台湾岛上的政治风云，他也懒得回台面见以陈诚为首的一班晚生政客。但当杜月笙的葬礼日期公布后，他马上束装就道，赶赴台湾基隆，为杜月笙迎灵。

《李石曾先生六十岁纪念论文集》，1942 年出版

　　李石曾和杜月笙相识于 1927 年的上海滩。刚经过血腥时刻的上海，杜月笙就被党

国要人李石曾请去喝茶。就在这次茶会上，李石曾邀请杜月笙参与他的教育文化工作，为他的青帮恒社指点一条文明的出路。

杜月笙握着小个子李石曾绵软的手，开始满不在乎："我这打打杀杀的事情，能帮上满口之乎者也的李五爷什么忙呢？"

李石曾说："放眼中国，只有你能帮我完成这个旷代大役，当代的四库全书——《世界学典》！"

杜月笙一脸懵懂："什么？什么叫《世界学典》？"

李石曾说："就是中国的大百科全书。"

大百科全书，在中国叫"世界学典"，这是李石曾为它命的名。

李石曾留学法国，对狄德罗的"百科全书"和他的其他著作佩服得五体投地。长达几十年的时间里，李石曾出资先后在亚、欧、美三洲建立了"中国学典馆""法国学典馆"和"美国学典馆"，组织人员编纂《犹太学典》

李石曾（左一）、蔡元培（中）、吴稚晖（左三）、张静江（右三）、庄文亚（右一）、陈和铣（右二）等人在世界社集会，讨论世界文化合作及《世界学典》事宜。1940 年代摄

《黑人学典》《朝鲜学典》。这些世界学典在李石曾的指挥编纂下，达到
了惊人的一百种、二亿余字之巨。

　　上海外滩，国际饭店。1946 年 1 月的一场宴会，是近代中国知识界与
帮会文化的一次少有的互动与对话。东道主为上海帮会恒社老大杜月笙，
客人是党国大佬李石曾。二人相识近二十年，后来，杜月笙还请李石曾调
解过自己在法租界内的生意与法国商人的关系，李石曾还请学生兼密友——
上海滩大律师郑毓秀帮忙打理过梅兰芳与孟小冬的离婚案件。海上闻人，
外滩高光。只是他二人从没有这样认真地坐下来谈一件文化出版事宜。

　　宴会上李石曾提出，请杜月笙出任新增股扩容的世界书局董事长，而
自己则出任总经理。中国近代出版史上的一场强强联合，通过这次互联互
通，强权臣服于文明，知识战胜了血腥与肮脏。

　　李石曾端起杯中的蒸馏水对杜月笙说："月笙吾弟，我俩的这次改革
世界书局的行动，我应该称之为'恒社
与狄社的乾坤大挪移'。"

　　杜月笙喝着华贵的洋酒问："什么
是狄社？"

　　李石曾答："狄社之狄者，就是法
国文化的集大成者狄德罗先生，法国人
称之为'百科全书'。我们搞个狄社，
以狄德罗先生为依范，出版'世界学典'，
让世界文化从我们手中汇集成洋洋学典，
改变人类文明之进程。"

　　蒸馏水与洋酒碰在了一起。恒社与

杜月笙（1888—1951）

狄社结在了一起。"世界学典"与"百科全书"扭在了一起。这一扭结可不打紧，杜月笙不仅成为世界书局的董事长，还把自己的大把款项投入了世界书局。而李石曾甘愿当起了书局总经理，在出版界刮起了一股"李杜旋风"！《十三经注疏》《经籍纂诂》《昭明文选》《诸子集成》《元曲选》等印制精美的卷帙浩繁的大部头书籍、层出不穷的平装普及本接二连三地出现在中国读书人的手中，品种有五千余种之多。世界书局出版的《英汉四用辞典》因出版编辑严谨，印刷制作豪华，语法权威，而重印不断，甚至于战争期间，不少人囤积《英汉四用辞典》以抵消日益严重的通货膨胀。

李石曾抱着大金砖似的《英汉四用辞典》找到杜月笙说："月笙吾弟，

1938 年，李石曾（右二）与蔡元培（右三）、张静江（左二）、萧瑜（右一）、陈和铣（左一）在上海

我们的辞典抵得上黄金啊！恒社加入狄
社，这是我一生中最成功最划算的一笔
生意！"

李石曾，1930 年摄

杜月笙说："商人讲究存钱，我存
的是交情。恒社入狄社，是我划算啊！"

李石曾说："不是你我个人划算，
是国家划算，是民族划算啊！"

若只以国民党元老、党国大佬的视
角研究李石曾这个中国现代史绕不过去
的历史人物，显然是有失公允的。

李石曾一生创办的政治文化经济组
织实体有六十多项，影响大者，诸如留法勤工俭学运动中的留法勤工俭学
会、华法教育会，崇尚宣传互助理论与世界和平的《新世纪》周刊、《世
界》画报、《华工杂志》、《旅欧教育》和世界社、中国国际图书馆，在
科学研究和教育事业方面则有国立北平研究院、中法大学、北平师范大学、
温泉中学、温泉女子中学、戏曲音乐院、戏曲专科学校等，在经济方面则
有巴黎中国豆腐公司、巴黎中华印字局、中国农工银行、中法实业银行、
江南汽车公司等，在社会组织方面则有故宫博物院、进德会、社会改良会、
世界素食同道会等。这些实体组织包含了社会生活的各个方面，政治、经济、
文化、教育等，无怪乎台湾出版的李石曾传记称其为"一代振奇人"，李
石曾确实是一位中国现当代历史上不可或缺的"百科全书"式的传奇人物。

这些事业和组织，花费气力最为轻松、影响最为卓越的则应当是为现
当代中国新文化建设做出过重要贡献的世界书局。

李石曾（前排右三）与上海美专校董会刘海粟（后排右一）等友人在上海，1930 年代摄

1934 年 4 月，上海中国国际图书馆主席团、世界文化合作中国协会在沪联席会议，李石曾（右二）、蔡元培（右四）、拉西曼（左四）、宋子文（右三）、褚民谊（右一）、庄文亚（左一）、胡天石（左二）、陈孟钊（左三）出席

恒社入狄社，弹指一挥间。

"百科全书"式的李石曾，精力充沛，事无巨细，举凡于家国有益，于人才成长、于社会改良之公益事业，莫不悉心支持，襄助无遗。笔者检索民国年间掌故传说，发现李石曾倾心而为的社会公益事业简直不胜枚举，连一些边缘学科、村野之士也多受到他的扶掖与提携。例如我国第一个海洋生物博物馆——青岛水族馆，是他大力襄助而建；汉字简化的先驱陈耘生关于汉字简化的研究，他一出手就是数千大洋的支持与鼓励；远在云南乡村的一处乡民自建图书馆——和顺图书馆，有他付出的心血；连邯郸永年广府杨氏太极拳的推广和健身，也受到他多方照拂、关爱有加……

《李石曾最新革命论著初刊》，上海革命周报社印行

好一个"百科全书""世界学典""中国的狄德罗"李石曾！

两万美金

两万美金，这大概是李石曾晚年经手的最大一笔款项，而这笔款子又是他灵机一动的收获与转机。这两万美金，也许是他生命的回光返照，抑或是一曲人生长调的余韵。

李石曾，1950 年代初摄

1949 年 12 月，李石曾飞赴香港，观望时局变化。未久，李石曾赖以生存的中国农工银行被全面接管，上海、杭州分行资金遽然周转不灵，连李石曾一家的生活都出现了困难。这时的李石曾心中的腹诽和怨恨达到了顶点，曾经的密友和下属沈尹默一封书信接一封书信，外甥李麟玉一个口信连一封公函，主题只有一个：劝李石曾回内地，和共产党合作。李石曾对身边的萧瑜和齐云卿说："不管怎么说，他毛泽东、周恩来算是我的学生吧。当年在西山小南园，与毛泽东匆匆一晤，我还问过他，你就是被易寅村称为'人民天子'的毛润之吗？抗战期间，他拍往重庆的电报，哪一封都要问候我李煜瀛先生安好。而周恩来当年去法国是我亲自安排我的侄子姚启进教授他的法语。现在，我的老脸就不值他们二位写个片言只字？依我看，共产党还是只看重军事能力，对经济，对教育文化，他们还顾不过来呀。"

李石曾盘桓香港数月，最终等来的是他的学生、刚刚就任上海市市长的陈毅发来的一封"劝降信"，邀李石曾回上海参加新中国建设。

这是李石曾收到的共产党最高级的领导人的信件，它没有打动信件主人、曾经的老师和中国的先哲。随着中国农工银行香港分行的倒闭，李石曾如丧家之犬、漏网之鱼，登上了一艘开往巴西的轮船。

按李石曾的计划，这个行动相当冒险。在香港的时候，他问儿子李宗伟："世界上除了中国，还有哪个国家地域辽阔，农业欠开发，气候适宜做大规模农场实验？"李宗伟和萧瑜、齐云卿一干人马围着一张世界地图找啊找，最后聚焦在"巴西"这个国度上。

李石曾拍案道："就去开发巴西！"

这是李石曾敏感热情神经质一般的行事风格的最后一次大放送。就连他的莫逆之交吴稚晖也不同意他的这个狂妄计划。但李石曾对共产党方面的"统战"，香港"第三党"势力的拉拢，都没有动心，执意登上了驶往

李石曾行书七言联：我心无我心如水，人性存人性本天

李石曾书法：义重金石

神秘莫测的南美洲大陆东部巴西的邮轮。

　　这是一张对李石曾一生弥足珍贵的汇票，来自美国，汇款人是郑毓秀，他一生的挚友、学生和事业伙伴。虽然只是几千美金，名义上表明这是自己参与巴西农业开发的一点股金，但这张汇票让李石曾明白，他一生神龙见首不见尾的荦荦大端的社会事业，最大的收获、最大的财产、最大的富矿是人，是各个历史阶段给予他贴心支持的形形色色的人。

　　郑毓秀这张雪中送炭的汇票让七十岁的李石曾躲在船舱里老泪纵横。殊不知，郑毓秀彼时也正癌症缠身，不能自保，她用自己临终前的义举，践行了老师、战友李石曾的"互助"信条。

　　"胼手胝足，则雄杰之余勇耳！"李石曾拿着那张轻薄的汇票，却似有千斤重量。他饱经沧桑的脸上从此满是坚忍不屈，行动起来更是坚如磐石。

　　邮轮漂泊海上数十日，终于抵达南美乌拉圭。在轮船驶向南美的行程中，李石曾每天在甲板上踱步徘徊，为自己的鲁莽行程思考下一步的计划。郑毓秀寄来的几千美金差不多也将用尽，十几口人吃饭成了大问题。一天，邮轮甲板上阳光正好，海面风平浪静。一对穿着隆重得体的夫妻来到了甲板上逡巡、休息。视万物皆其友的李石曾偶然一瞥，发现那位丈夫手持一份《自由世界》杂志，正在为夫人诵读。李石曾一时技痒，也顺口读出了那份杂志的西班牙文。

"先生懂西班牙文？这在您这个东方面孔的人来说，并不多见。"夫妻二人中的男士礼貌地对李石曾说。

"我学于法国，略通西班牙语，先生不必见怪。如果我没有猜错的话，您吸烟用的这烟斗，是黄杨木的吧？"

"啧啧，我的东方朋友，看来我钟爱东方文化的爱好真的能带来好运。请问先生尊姓大名，从何方来的乌拉圭？"

李石曾报以友好的微笑："我是中国人李煜瀛，造访贵地实属唐突。"

接下来的对话进入了一个暖心奇葩模式。原来这对夫妻中的男士是乌拉圭国立大学博士，刚刚当选为乌拉圭国家教育部长，正好偕妻子前去海外度假，与李石曾一行在邮轮上不期而遇。

仗着大学教授的互相欣赏，教育同行的知心知遇，一股"海内存知己，天涯若比邻"的真诚气氛弥漫在李石曾和乌拉圭新任教育部长之间。二人相见恨晚，促膝而谈，一会儿西班牙语，一会儿英语，一会儿法语。邮轮上说不完，博士夫妻放弃度假，邀请中国客人上岸做客。学贯中西的李石曾因着西班牙语的发音，为博士取了中国名字：何笃修。接下来的几天时间，

李石曾赠送友人古恒签名照。古恒为法国东方学者、汉学家，里昂中法大学协会秘书

由李石曾捐赠的私人藏书，入藏日内瓦中国国际图书馆。图为《高阳李氏纪念图书馆珍藏》图录，由吴稚晖封面题字，1974 年出版

李石曾、何笃修天天在一起高谈阔论，每每不知东方之既白。

何笃修得知李石曾一行的真实行程后，力劝他们放弃巴西之行。他说："巴西天气炎热，环境恶劣，土著当政，文化不彰。你们此去势必凶多吉少，空手而归。李先生不如接受我的建议，就在乌拉圭停下来吧，在我们美丽的国家，开始你们的文化建设吧！"

李石曾趁热打铁，对何笃修博士谈起了自己设在日内瓦的中国国际图书馆搬迁事宜。因为瑞士即将承认新生的中华人民共和国，设在那里的中国国际图书馆处境尴尬。

何笃修博士大手一挥："这有何难，把您的中国国际图书馆搬过来好了。我可以建议我国政府为图书馆搬迁资助两万美金！"

两万美金！当李石曾把这个天大的好消息告诉身边的一行人时，全体成员不分男女，都发出了惊讶的呼喊。夫人林素珊、儿子李宗伟，以及萧瑜、齐云卿等跟随自己几十年的老人都禁不住过来拥抱李石曾。

原来，李石曾一行的经济已经出现巨大的困难，囊中羞涩的滋味困扰着每一位李氏团队成员。而李石曾凭借着智慧和机敏，让自己的事业和生命再一次化危为机。

恒杰堂与高阳台

台北市温州街世界社会所，是李石曾晚年在台湾的住所与工作室。

1957 年，随着台海局势的稳定，李石曾年老力衰，加之夫人林素珊突发脑血栓而仙逝，他在乌拉圭的生活陷入了巨大的困境。李与夫人建立的"李林书屋"里的珍本善本已不知被他品读、摩挲了多少回；国宝级的一批墨宝颜真卿《刘中使帖》能盖章、能用印的地方也都盖全了；他对自己几十年来百看不厌的无声电影《恋爱与义务》也失去了兴趣。

李石曾感到了可怕的孤独。他的老友张静江 1950 年在纽约去世，杜月笙 1951 年在香港去世，吴稚晖 1953 年在台湾海葬，李石曾白发飞飘着为他们送行的画面，象征着自己

《高阳台上》，为李石曾藏颜真卿《刘中使帖》真迹重印本，1975 年印制

李石曾（左一）在恒杰堂主持台北粥会元月会

时代的结束。

"五十年来，谊若弟兄，情若骨肉，那堪小别成永别。"一次次的送葬，一次次的执绋，让李石曾心灰意冷。他勉力支撑着1924年在上海发起成立的"中华粥会"，继续他的素食主张，常常在一些重大的政治场合、社交场合，他会起身而去，并大声招呼大家："让我们喝粥去！"

这是一个难挨的台湾夏日。

追随李石曾一生的湖南才子萧瑜（子升）从乌拉圭回台湾探望乃师，为他带来了一件罕见的礼物：大陆新拍摄的彩色胶片版电影《梁山伯与祝英台》。这是萧瑜在日内瓦打理中国国际图书馆迁移事宜时，从出席日内瓦会议的中国代表团辗转而得。

李石曾是一个电影发烧友。他会拍摄，会放映，会编剧，举凡世界影坛的一切名片大片他无不了如指掌。但面对新中国第一部彩色片、吴侬软语的越剧电影，他欣喜若狂，宛如得了狂想症。他把老友齐如山、于右任、马寿华等人请到住所"恒杰堂"，一遍又一遍地给他们亲手放映《梁山伯与祝英台》，并让萧瑜一次又一次地讲述他如何获得这部影片的过程。萧瑜说："这部电影是总理周恩来带到日内瓦会议去的，周恩来给这部电影取名为中国的《罗密欧与朱丽叶》，放映给出席会议的政要们看。滑稽大师卓别林也观看了这部电影。而周恩来的班子里，有一个留法勤工俭学的

学生，是石老的家乡高阳人，叫周世昌，任外交部交际处处长，我就是凭
这层关系搞到这部电影的。当然也得到了周恩来的首肯。"

"这部电影也是我们高阳人送给台湾的礼物哇！"李石曾感叹道，当
场叫于右任现场挥毫，把寓所"恒杰堂"的阳台命名为"高阳台"。

"我站在高阳台上望故乡，君在高山之巅兮望我大陆。"李石曾对于
右任动情地说。

记得是在一个有"副总统"陈诚出席的会议场合，国民党反思失守大
陆的原因与对策。一些国民党新锐势力对李石曾口诛笔伐："都是这个老
怪物搞的那个留法勤工俭学。要不然，这么多共产青年怎会找到国际共运
的帮助？毛泽东、周恩来怎会出人头地？"一群人把目光投向李石曾。

李石曾不慌不忙地起身说："我自追随国父参加革命，凭的是一身
信仰。不瞒各位先生说，我连一张国民党党证都没有。怨我何来？"

他曾在吴稚晖病床前答应老友，为他建一所"稚晖大学"，但几经与
新派人物磋商，此动议终胎
死腹中。兴学一辈子的李石
曾，晚年竟连一所学校也办
不成了。

他的莫逆之交顾孟余被
他从美国力邀回台定居。顾
孟余和李石曾的家都在北京
胡同之内，顾孟余的旧居在
黑芝麻胡同，李石曾的旧居
在丞相胡同。顾孟余从大陆

李石曾（右）在寓所书房"高阳台"与友人赵丕承一起
赏古帖，1960年代摄

1953 年 5 月，李石曾（中）参加国民党会议后与蒋介石（左）交谈

出走时，把家里的一百多把钥匙都带在了身边。李石曾也是一样，把他在北京的两个家的钥匙也都带了出来。于是，在寂寥的晚年，李石曾和顾孟余的日常生活节目，经常是在屋里比钥匙，两大串闪耀着黄铜、白银色泽的硕大钥匙被两位老人玩弄得铿光瓦亮。

李石曾说："这是我的爹爹文正公书房的钥匙，他的堂号诒砚斋。这是我月牙胡同的钥匙，当年我装饰此屋时，一个木匠对我说：干干净净的泥水匠，狼糠的木匠。兆熊，你说咱们的一辈子，是干干净净的泥水匠呢，还是狼糠木匠？"

顾孟余回答道："当年鲍罗廷把你我看作中国最有政治能量的人，看来我们只是那个年代的裱糊匠啊！"

及至暮年，李石曾万念俱灰。他把自己的办公地改建成世界社的会所。他用他仅剩的气力，用颜体榜书，书写了三个硕大无朋的字：恒杰堂。其笔力体势殊与"故宫博物院"五字相仿。

恒者，吴稚晖字敬恒。杰者，张静江字人杰。李石曾用一种哀婉的方式，招魂了一个时代。可他万万没想到，他去世后不久，"恒杰堂"便失火焚毁，李石曾的手稿、私人文件尽付一炬。

1971年，李石曾（左）与陈和铣在恒杰堂

李石曾书法：美花多映竹，乔木自成林

1972 年 5 月，李石曾在恒杰堂举办文化活动，招待来自乌拉圭的朋友

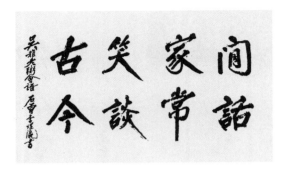

李石曾书吴稚晖语：闲话家常，笑谈古今

李石曾临卧禅画册，时年八十三岁。题款篆书为吴稚晖
所作：元日典章，诸杯月令；万方平治，观于天文

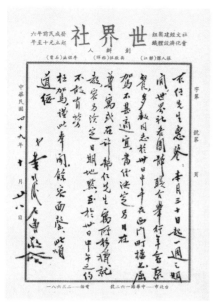

1960 年 10 月 28 日，李石曾致于右任信札　　李石曾（左）与吴稚晖晚年在台湾

1964 年 3 月，李石曾（前）参加吴稚晖诞辰百年铜像揭幕典礼

李石曾当众挥毫

李石曾在阳明山

一湾海峡，最后怅望

1960 年农历五月初二，乌拉圭中国文化研究班全体学生奉五言诗韵为李石曾八十岁寿辰祝寿，文曰：

中乌睦邦交，文化签专约。吾人力学者，自然更雀跃；溯自十年前，两国无联络，只闻老中国，地大而物博，开化五千年，举世无相若。自从先生来，图书满馆阁，设班教肄习，大学设讲座。事业日推展，一幕复一幕，早在建交前，文化已合作，建交刚三载，合作久蓬勃。元始天尊也，功高仰开拓。报本当返开，复起欣有托，海天望万里，群拜颂康乐。

李石曾接到这样一封信，读着用自己的家乡话为韵脚的祝寿诗，激动得不能自持，老泪涟涟，喃喃自语："我避寿郊外，原为躲避尘网，以清礼俗。却不想收此重礼，惹我情迁，吟起这段诗，我想起家乡高阳，我想起我的大陆，我的故乡人民……"

李石曾用自己作的一首旧诗给乌拉圭的同学们回了信，他写道：

1967 年，李石曾（坐者左一）与家人、友人在台北

1970 年，李石曾（前排左二）与家人在一起

八十年来琐记中，不曾言利与功名。

自由新世相辉映，互助前编杂夜鸣。

空陆航行遍湖海，晨昏静坐岂阶坪。

君知我志十年事，不为私图共斗争。

这是李石曾剖白心迹的肺腑之言吗？

他的一生，热衷开创却无一完美收官，四下播种却没有看到一点丰硕成果。他的人生态度，他创造的不胜枚举、洋洋洒洒的公益事业，是欢乐抑或悲喜，是崇高还是悲壮？

在李石曾的老家高阳，有一个妇孺皆知的历史典故：拜孙不拜李。"孙"指明末抗清英雄、大学士孙承宗，"李"自然是指李石曾显赫的家族。李石曾的高祖李霨以明代大学士之子的身份出仕清朝，有"贰臣"之嫌。李石曾又亲自参与驱逐溥仪出宫，亲手把他父亲——大清朝五部尚书、总理各国事务衙门大臣、谥号"文正"的晚清重臣李鸿藻忠心耿耿维护的一代王朝送进了坟墓。溥仪出宫时，大臣绍英对李石曾说："你是故相李文正公的公子，奈何相煎太急！"

在高阳采访老一辈的人，说到李石曾，他们都会轻描淡写地说："李老五啊，不就是一个在法国做豆腐的，有什么可纪念的。"

"拜孙不拜李"，命

1961年，李石曾（中）与孙女李爱莲（左）全家在台北。其晚年生活，有赖于孙女的尽心照顾

李石曾晚年将毕生收藏的古代书画捐赠给台北故宫博物院，图为《李石曾先生遗赠书画目录》书影

中注定的谶语？如今，已从故宫神武门上消失的颜体榜书，有谁还记得它的书者，就是故宫博物院的创建人李石曾？

北京第四中学，京城名校。当初是由李石曾委托同族姐丈王画初所办。在学校建成时，王画初把自己写就的校训交由李石曾审定。李石曾激情而作，为之润饰定稿，文曰：

须知人之所以生，要以自食其力为本根，以协同尚义为荣卫。所贡献于群众者不啬，斯群众之报施我者必丰。藉势倚权，常与祸构，不可为也。故求其可恃莫如学，势可踣也。学不得而闷也。今学者每期期焉，以学不见用为虑，而不以致用不足为忧，窃以为过矣。不知学无止境，致用亦无止境，有生之年，皆学之日。其受用处，非根器浅薄者所能知，亦非佻达纨绔者所能任也。诸生方盛年，志高而气锐，将欲厚其积储以大效于世耶？抑将浅尝自放以侪于俗耶？是不可不审所处矣。诸生勉乎哉！

…………

李石曾人生最后的时光，定格在公元1973年9月30日。在台湾荣民总医院，突患胃肠道出血的李石曾拒绝了院方的抽血化验，而后从容赴死。彼时，他以九十三岁高龄，每日减食一餐，遂至不治。

李石曾最后的秘书名叫张堃，临终一刻他把张堃叫到床前，口授遗嘱："生于乱世，遭逢辛苦，我只是一颗大豆，给社会奉送营养而已，我做得还很不够哇……我一生无私产，存款中尚有五十万新台币没有用项，你一

1973年春，李石曾九十三岁高龄，应邀出席文化活动并作演讲

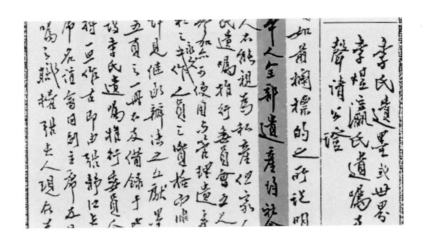

李石曾遗嘱："本人全部遗产均社会化……"

定要代我回趟高阳老家，接济一下我的穷本家啊！……"

1979 年，海峡两岸实现三通。秘书张堃怀揣五十万台币，来到了李石曾的祖籍——河北省高阳县庞口村，践行了李石曾的诺言。十几年后，一座"农机配件城"在李石曾的老家轰然而起。

这令人想起李石曾在台湾的暮年，曾把他持有的大陆"江南汽车公司"的股票当着家人的面扬撒一地，泪湿衣衫。而家乡经济赖以崛起的产业，竟又是李石曾冥冥之中关注的汽车配件。

李石曾，在家乡人民的心中得到了永生。

李石曾，1902 年奔赴法国，1949 年移居乌拉圭，1956 年定居台湾，1973 年去世，葬于阳明山。他始终是一颗漂泊的大豆。

2023 年 5 月，李石曾的孙女李爱莲将一尊李石曾铜像由台湾归安故里高阳。一个高贵的灵魂似永远凝望着这片热土……

李石曾遗像

附录：李石曾（煜瀛）年谱

1881年　5月29日，李石曾生于北京南城菜市口大街丞相胡同高阳李邸。父亲李鸿藻，字兰孙，号砚斋，时年六十二岁，任清廷协办大学士，军机大臣，兵部尚书。母亲杨氏，讳绍吉，为李鸿藻小妾，时年二十六岁。

李石曾官名煜瀛，乳名午官，概因其生辰日期近于端午节。籍贯河北高阳。

1883年　三岁。父亲李鸿藻调吏部尚书。小石曾随父亲进宫，觐见慈禧，跪拜得体，慈禧抚其顶曰：此子将来必成大器。

1884年　四岁。慈禧太后发动"甲申易枢"，父亲李鸿藻遭严谴，退出军机，降二级调用。小石曾第一次体验"门前冷落车马稀"的世态炎凉。

1886年　六岁。李石曾开蒙就学。家人称他：五儿、五弟、五世兄、五少爷、五爷。因父亲李鸿藻极重兄恭弟友，把与原配夫人所生之子兆瀛、安格，夭折之三子，与杨夫人所生焜瀛、煜瀛严格排序，故李煜瀛（石曾）世称"李老五"。

1887 年　七岁。父亲李鸿藻授礼部尚书兼武英殿总裁，后随之出任郑州河工钦差大臣，督修黄河决口，备尝艰辛，历时一年之久。李石曾每致信父亲，嘘寒问暖，字体秀挺，父亲深为赞赏。李鸿藻宦途之前期，以儒学之清流派首领闻名，后期则以政治开明派见闻，尤以重李石曾兄弟维新教育为标志。

1888 年　八岁。李石曾始读四书五经。

1889 年　九岁。父亲李鸿藻任会试正考官，门生众多，为小石曾结下广泛人脉。

1890 年　十岁。妹淑莲殁。兄焜瀛（符曾）完婚。

1894 年　十四岁。李石曾师从著名维新学士齐禊亭（字令辰）。齐禊亭亦为高阳人，保定莲池书院高才生，学业、人品、识见京华闻名。李石曾随齐禊亭读书，不是传统的私塾式教育，而是后来被李石曾称为"沙龙"式的教育方式，并极重西学。李石曾一生行谊受齐氏影响最大。

这一时期，李石曾与齐禊亭之子竺山、如山、寿山订交，一生互为声援助力，兴办和创建了一系列社会公益事业和组织。

1895 年 十五岁。父亲李鸿藻任总理各国事务衙门大臣。侄子李宗侗出生。

1896 年 十六岁。父亲李鸿藻患中风病，病中调任吏部尚书，光绪皇帝亲赐福字。

1897 年 十七岁。2 月，父亲李鸿藻重病卧床。

4 月 11 日，李石曾与表姐姚同宜结婚。

7 月 16 日，父亲李鸿藻病逝，赠太子太傅，谥文正，入祀贤良祠，葬于高阳城西邢家南村与野王村之间。

1899 年 十九岁。6 月，儿子李宗伟出生。

是年，李石曾由严复（字伯陵）介绍，师从京师大学堂教师常伯奇学习英语。

1900 年 二十岁。义和团起事，八国联军攻打北京，李石曾逃难到河北高阳老家暂居，后到河北曲阳、河南光州等地避难，自称为"最早之长途旅行"。

1901 年 二十一岁。李石曾骑马一月有余回京。在贤良祠拜见李鸿章，并与浙江湖州名士张静江订交，商议出洋留学事宜。

1902 年 二十二岁。8 月 29 日，李石曾与张静江、刘式训等人跟随驻法公使孙宝琦赴法国留学。在上海驻留期间，李石曾与蔡元培、吴稚晖相识，意气相投。

一行人乘坐法国邮轮安南号，航行一月有余始到法国马赛，12 月 7 日到达巴黎。

1903 年　二十三岁。李石曾在法国补习法文半年有余，进入蒙达尔纪农业学校就读，成为近代中国留法学生第一人。

1905 年　二十五岁。吴稚晖因"苏报案"在英国避难，被李石曾、张静江邀至法国，住在李石曾寓所，共同筹划世界社。

1906 年　二十六岁。李石曾从蒙达尔纪农业学校毕业，考试成绩为第四名。入巴斯德学院，师从柏尔唐教授学习生物，专注对大豆的研究。用法文写出毕业论文《大豆》，始有"大豆公子"之称。

结识法国地理学家邵可侣。受到无政府主义影响，开始介绍、翻译克鲁泡特金、蒲鲁东、陆漠克、狄德罗等人的著作学说。

李石曾与蔡元培、吴稚晖、张静江在巴黎成立世界社，以"传布正当之人道，介绍真理之科学"为宗旨。随后创办中华印字局。

是年，经张静江介绍，李石曾加入同盟会。

1907 年　二十七岁。《新世纪》周刊和《世界》画报相继创刊，李石曾为主要撰稿人，多以"真民""真"为笔名，发表社会革命言论，宣传无政府主义，反对帝国主义，鼓吹排满革命。出版"新世纪"丛书。其社会革命主张与孙中山同盟会遥相呼应，引起清廷注意。

法文《大豆》出版，为世界上第一部以化学方法研究大豆成分的专著，主张素食革命。

是年，李石曾在巴黎结识孙中山。

1908 年　二十八岁。春，李石曾筹备创办巴黎中国豆腐公司，回国招股集资。因其广泛动员，豆腐公司股份中既有教育家严修等人的私股，又有直隶总督杨士骧的官股。

夏，李石曾回到家乡高阳布里村，与段子均办起"豆食工艺讲习所"，短期培训制作豆腐的青年工人。

秋，李石曾与齐竺山率 5 名高阳技工，由北京乘火车，又转搭俄国火车，经过西伯利亚横穿欧洲大陆返回巴黎。夫人姚同宜同行。

巴黎中国豆腐公司正式创立，齐竺山任经理。工厂设在巴黎郊外科伦布镇，占地 5 亩，主体厂房为二层楼，内有电机设备和化学室，另有办公配楼和杂用平房，厂外有工人宿舍。李石曾将中国豆制品引入法国，因而获得"豆腐博士"雅号。

是年，翻译《夜未央》《鸣不平》两部剧本，在巴黎中国印字局和广州革新书局同时出版。李石曾成为翻译近代西方戏剧第一人。

1909 年　二十九岁。6 月，四处筹措革命经费的孙中山来到法国，下榻世界社，亲往巴黎中国豆腐公司参观，对李石曾的工作极表赞赏，在其后所著《孙文学说》一书中，对巴黎中国豆腐公司有专门论述。

1910 年　三十岁。巴黎中国豆腐公司又招高阳工人 30 余名，在齐如山带领下来到法国。李石曾在华工中提倡"以工兼学"，创办华工夜校，亲自编写教材，亲自讲授中文、法文、数理化甚至修身课程，主张"不赌博，不嫖娼，不吸烟、不饮酒"。

10月12日，女儿李亚梅在巴黎出生。

是年，中文版《大豆》出版，较法文版内容更加丰富，图表增多。

1911 年　三十一岁。1月，李石曾请世界电影发明人卢米埃尔兄弟拍摄巴黎中国豆腐公司的新闻电影，名为《豆腐工厂》，时长50多秒。

夏，李石曾回国。

10月，武昌起义爆发后，李石曾在北方积极活动。

12月1日，京津同盟会在天津成立，李石曾出任副会长。创办《民意报》。

1912 年　三十二岁。2月初，李石曾南下，谒见中华民国临时大总统孙中山。

5月，李石曾与吴稚晖等人在北京发起成立留法俭学会，意在"兴苦学之风，广辟留欧学界"，输入"民进先进之国"的文明，以造就"新社会"的"新国民"，鼓励国内有志青年赴法，并成立留法预备学校，从此开启勤工俭学运动的序幕。

是年，李石曾与蔡元培、吴稚晖、张静江等人为整饬世风，在上海倡议成立进德会，亦称"八不会"，重塑国民价值观，倡导"八不"：不狎邪、不赌博、不置妾、不做官吏、不做议员、不吸烟、不饮酒、不食肉。李石曾遵守"八不"信条，终生吃素。

后来，李石曾又与唐绍仪、宋教仁等人发起成立社会改良会，增加新条例，如男女平等，婚姻自由；废除跪拜之礼，以鞠躬拱手代之；废除老爷之称，以先生代之，等等。李石曾第一次提出"节制生育"的倡议。

是年，李石曾主持策划了暗杀袁世凯和保守派大臣良弼，不久清廷退位，共和告成。

1913 年　三十三岁。9 月，"二次革命"失败，李石曾携全家前往法国。

是年，齐如山护送第二、第三批留法俭学会学生赴法，计 100 余人，均得到李石曾的妥当安置。

1914 年　三十四岁。李石曾主持创办中华饭店，齐竺山任经理，张静江题写店名匾额。这是法国第一家中国餐馆。

第一次世界大战爆发，为解决留法学生生计，李石曾与蔡元培组织留法西南维持会。

1915 年　三十五岁。6 月，李石曾与吴稚晖、张静江等人在法国发起成立勤工俭学会，以"勤于工作，俭以求学，以（增）进劳动者之智识"为宗旨；编写《勤工俭学传》，中法文对照，介绍世界名人富兰克林、卢梭等人勤奋学习、刻苦钻研的事迹，蔡元培作序。

1916 年　三十六岁。4 月，李石曾与蔡元培等人在巴黎发起成立华法教育会，进一步推动留法勤工俭学运动。推举蔡元培、法国大学教授欧乐分别为中法方会长，李石曾任中方书记。

4 月，华工学校开学，李石曾、蔡元培等人亲自授课。第一批学员均为豆腐公司的高阳华工。

1917 年　三十七岁。5月，李石曾与蔡元培发起成立北京华法教育会和留法勤工俭学会，鼓励中国学生赴法半工半读。

9月，李石曾在家乡高阳县布里村创办留法工艺学校。这是全国第一所培养留法勤工俭学生的学校；后又在保定育德中学开设留法高等预备班。

12月，应蔡元培之邀，李石曾任教北京大学，讲授社会学和生物学，将北大变成了无政府主义的前沿阵地。

1918 年　三十八岁。夏，北京高等法文专修馆成立，李石曾任副馆长并亲自授课。

秋，李石曾筹建高阳布里留法工艺学校新校，并设实习工厂。蔡元培为学校题词："业精于勤"。

10月，李石曾与蔡元培发起成立中法协进会，"志在谋两国文化上、实业上之提携"。

12月，李石曾在北京大学任教期满。受蔡元培委托，专程赴法国"运动退款"。

是年，李石曾在北京西山创建温泉疗养院，从此开始中国农村建设综合实验，兴办社会事业，开展乡村教育。这是他的"大同世界"理想与"互助"学说相结合的产物。从此，西山成为李石曾的"桃花源"，既是他模仿法国教育的试验田，也是实践其无政府主义社会理想的舞台。

1919 年　三十九岁。3月，留法勤工俭学生自上海启程，第一批有90余人，后达700余人，皆由李石曾竭力张罗，安排接送与食宿，寻找就读学校与工作，维持最低生活保障。李石曾被称为当代"武训"。

留法勤工俭学运动历时十年，先后有20批、1700余人到达法国，成为中国现代教育史上一大奇观，为中国的政治、科技、教育、文化、艺术等各个领域造就了一大批栋梁人才。

8月，李石曾在巴黎发起成立华侨协社，成为留法勤工俭学运动的大本营。此社是由李石曾、齐云卿二人签名，巴黎中国豆腐公司的工人们捐资购买的房地产。

是年，巴黎和会召开，李石曾策动留学生和华工反对《巴黎和约》，并在会议期间运作法国退还庚子赔款，用于海外大学建设。

1920年 四十岁。春，李石曾与蔡元培、吴稚晖在北京西山碧云寺创办中法大学，蔡元培任校长，李石曾任校董事会董事长。中法大学的成立，推动了中法文化交流与高等教育发展，并成为中国知识分子的摇篮，影响深远。

是年，李石曾创办温泉小学。

1921年 四十一岁。5月，孙中山在广州就任非常大总统，李石曾由法国返回谒见。

李石曾与吴稚晖一起，筹办中法大学海外部，以每年1法郎的价格租下法国里昂一处兵营圣伊雷内堡。7月8日，里昂中法大学成立，吴稚晖任校长。这是当时中国在海外设立的唯一一所大学。

是年，李石曾创办碧云寺小学，建起中法大学附属农林试验场。

1922年 四十二岁。李石曾发表文章《法国教育与我国教育前途之关系》，积极推崇法国大学院、大学区制，并与蔡元培一起在国内力倡，即仿照法国教育行政制度，在中央设中华民国大学院主管全国教育，在地方试行大学区。

1923 年 四十三岁。李石曾创办中法大学附属温泉中学，校址位于北京西山环谷园。

1924 年 四十四岁。1月，李石曾出席国民党第一次代表大会，当选国民党中央监察委员。此后直至逝世，连任六届，一直担任该虚职。吴稚晖亦当选监委。

10月，李石曾参与策划冯玉祥发动的"北京政变"，驱逐末代皇帝溥仪出宫。临时执政府代总理黄郛组织内阁，国民革命军诸将领公推李石曾担任教育总长，李石曾以"不做官"坚辞不就。

11月，李石曾出任清室善后委员会委员长，组织专家全面清点宫内文物、图书、物品，同时筹建故宫博物院。

12月，迎孙中山北上，请好友、著名中医陆祖安为其诊病。

是年，李石曾创办温泉女中。

1925 年 四十五岁。3月，孙中山在北京病重，李石曾请来名中医陆仲安为他医治。孙中山去世后，李石曾将其灵柩暂厝于西山碧云寺。

4月，中法教育基金会在北京外交部成立，为中法两国管理、使用法国退还庚子赔款用于文化教育而成立的机构。李石曾担任中方代表团主席。

9月，故宫博物院董事会成立，李石曾担任董事长；又设理事会执行全院事务，李石曾担任理事长。

10月10日，李石曾参加故宫博物院开幕典礼，在大会上做筹备经过的报告。开院之日，李石曾手书"故宫博物院"匾额，高悬于神武门之上。

1926年　四十六岁。1月，在国民党第二次代表大会上，李石曾、吴稚晖再次当选国民党中央监察委员，同时张静江、蔡元培亦当选监委。李石曾、吴稚晖、张静江、蔡元培四人因关系密切，并称国民党四大元老。

3月，"三一八"惨案后，李石曾与李大钊、顾孟余、易培基等人被通缉，李石曾离开北京南下。

1927年　四十七岁。3月，李石曾到上海参加国民党中央监察委员会紧急会议，与吴稚晖、张静江、蔡元培等人密谋，参与"清党"，发出"护党救国"通电。

4月，李石曾在国民党中央政治会议第七十四次会议上提出"设立中央研究院案"；会议决议，由李石曾、蔡元培、张静江起草《中央研究院组织法》，筹备建立"中央研究院"。李石曾提议同时设立局部或地方性的研究机构。

6月，李石曾与蔡元培力倡法国大学院、大学区制的提案获得通过。这是中国教育史上谋求学术和教育独立的一次尝试。

1928年　四十八岁。6月9日，国立中央研究院正式成立，蔡元培任院长。

8月，李石曾任国立北平大学校长。

9月，应张孝若之邀，李石曾出任私立南通大学首席校董。

10月，在国民政府任命的故宫博物院理事中，李石曾位列第一，成为第一任理事长。

12月，李石曾参与策动张学良"易帜"，实现了国家形式上的统一。在这一影响中国的重大事件中，李石曾厥功至伟。

北伐结束后，李石曾由南方回到北平，被推举担任国民党北平政治分会主席，他坚辞不受，与友人郑毓秀等同游美国，考察北美之横贯铁路。

1929 年　四十九岁。5月，李石曾任北平研究院筹备委员会主任，蔡元培、张静江为筹备员。

6月，李石曾与时任浙江省政府主席张静江提议举办的西湖博览会开幕，主旨"奖励实业，振兴文化"，历时四个多月，参观人数二千多万，轰动一时，成为中国近代史上规模最大、影响最广的博览会。

9月9日，国立北平研究院成立，李石曾任院长，与中央研究院（南京）并列为民国两大国家级科研机构，推动了中国现代科研体系建立。

是年，担任中国农工银行董事长。世界社迁至李石曾的上海寓所——福开森路393号。

继续在北平西山一带实施乡村现代化建设，合作社、诊疗所、派出所、公共汽车、电话等相继出现，开我国乡村自治之先河。

1930 年　五十岁。2月，李石曾任国立北平师范大学校长。

6月，李石曾筹建中华戏曲音乐院，任总负责人，下设北平戏曲音乐分院和南京戏曲音乐分院。北平分院由梅兰芳任院长，齐如山任副院长；南京分院机构设在北平，由程砚秋任院长，金仲荪任副院长。中华戏曲音乐院包括北平戏曲专科学校、戏曲音乐研究所、戏曲音乐出版部、戏曲博物院四个实体，集研究、教学和表演实践于一体。

8月，北平戏曲专科学校（后改称中华戏曲专科学校）成立，李石曾任校董事会董事长，第一任校长为焦菊隐，副校长为林素珊。该校以造就戏曲专门人才，改进戏剧，提倡艺术为办学宗旨，从成立到解散十年间，共培养出"德、和、金、玉、永"5 科 200 多名学生。

10 月 10 日，李石曾参加故宫博物院成立 4 周年纪念会，作题为《清故宫须为活故宫》的演讲。

是年，著作《大豆》再版，亲撰序言。李石曾发表《肉食论》，提倡素食主义。

1931 年　五十一岁。李石曾任北平市文化委员会副会长。

5 月，李石曾与时任国民政府建设委员会委员长张静江及老友吴稚晖招股创办江南汽车公司，址设南京，张静江任董事长，李石曾任常务董事，聘具有留法背景的实业家吴琢之任总经理。公司经营长途客车业务及南京市内公共交通，其公交车均为德国"奔驰"。

1932 年　五十二岁。1 月，李石曾拨款赞助程砚秋赴欧洲，考察西方戏剧与教育。

3 月，李石曾自行筹资，在巴黎创建世界电讯社，向外界报道日内瓦国际联盟大会实况，揭露日本侵略行径，以争取国际道义支持。这是中国有史以来第一个海外通讯社。随后，在国际联盟"李顿调查团"到达中国后，世界电讯社向调查团提供大量日本侵华事实，再次发挥作用。

7 月，李石曾与张静江招股创办江南铁路公司。

是年，李石曾发起创建中国国际图书馆。总馆设在国际联盟所在地瑞士日内瓦，称为"日内瓦中国国际图书馆"，胡天石任馆长，李石曾捐高阳李氏私藏图书做基本陈列；原设在上海的世界社图书馆改称"上海中国国际图书馆"，藏中外图书 5 万余册、中外杂志 500 余种。这是中国第一所国际专业图书馆。

1933 年 五十三岁。4 月，江南铁路公司上海总事务所成立，李石曾为主席董事，张静江任总经理，宋子文为董事长。

5 月，李石曾出席世界文化合作中国协会筹备委员会第一次常委会议。

6 月，世界文化合作中国协会在上海成立，会址设在福开森路 393 号世界社。此为国际联合会所属重要文化机构，吴稚晖为会长。蔡元培致词："今中西文化借此而得贯通，世界合作前途，诚利赖焉。"

是年，李石曾应邀为吴稚晖监修的《雪堰吴氏十一修世谱》作序。

1934 年 五十四岁。李石曾主持筹建上海霞飞路 1856 号会所，3 月奠基，9 月竣工。这是一座新古典主义风格的独立式花园住宅，成为李石曾开展世界文化合作公益事业的大本营。

10 月—11 月，中国国际图书馆在上海世界社大礼堂及北平图书馆先后举办世界图书馆展览会。15 个国家的 42 家图书馆参展，包括美国国会图书馆、大英博物馆图书馆、德国柏林图书馆、意大利那波里图书馆、瑞士国立图书馆等。

是年，李石曾任中华民国建设委员会常务委员。李石曾入股陷入经济困境的世界书局。

1935 年 五十五岁。李石曾遴选部分故宫文物赴英国展出。

李石曾利用庚子赔款创办上海图书学校，专为日内瓦国际图书馆培养人才，自任董事长。

1936 年 五十六岁。春，李石曾、姚同宜夫妇题赠在华法国医生贝熙业"济世之医"石匾，嵌于北平西山温泉疗养院石壁。

是年，李石曾主持召开中国农工银行董事会，会议决定除在上海、广州、南京、汉口、天津设立办事处外，另设北平温泉寄庄所，用于推动农村改良社会实验。中国农工银行成为民国发钞银行，并成为扶持农村经济发展的重要金融机构。

李石曾与蔡元培、张静江在上海创办世界学校，作为培养留法学生的预备基地，践行教育救国和科学救国的理想。

在法国成立"狄社"，李石曾以中国"狄德罗"自居，着手编辑中国大百科全书《世界学典》。

1937 年　五十七岁。4月，中国国际图书馆在上海举办"世界百科全书展览会"，搜集陈列了来自世界各地的百科全书共580余种2000余册，包括《大英百科全书》《法国百科全书》《德国百科全书》《日本百科大事典》等。展览规模宏大，参观人数众多，报刊竞相报道。

7月7日，卢沟桥事变。李石曾正在巴黎出席国际文化合作会议，当即倡导设立国际反侵略运动总会。随后开始奔走各国，不断利用和创造各种机会，呼吁国际舆论谴责日本军国主义，联合国际力量，阻止日本法西斯的横暴肆虐。

10月，日本封锁中国海岸线，来自国外的抗战物资均无法运抵国内。李石曾当即在法国购买军火，秘密运到越南附近海域，再从越南运到云南，全力支持抗战。

是年，李石曾的夫人及儿子一家逃往法国避难。

1938 年　五十八岁。1月，国际反侵略运动总会中国分会在汉口成立，宋子文任会长，李石曾负责一切具体事务。

8月，中国国际图书馆举办抗战照片展览会，展期长达三个月。

是年，李石曾运作北平研究院迁移云南大后方，将物理、化学、生理、药物、动物、植物、地质、历史 8 个研究所迁至昆明，成立北平研究院总办事处，继续开展研究工作，同时为抗战前方研究生产军事装备。

1939 年　五十九岁。8月，李石曾在《中央日报》发表文章《暴敌侵占必败》，表达"坚持到底，我必胜，敌必败"的坚定信心。

是年，李石曾在香港主持召开世界文化合作中国协会会议，声讨日本侵略行径。在美国、瑞士、法国进行国际文化教育交流活动，为中国人民抗日战争争取国际支援。

1940 年　六十岁。儿媳齐星占因战争颠沛流离，生活困顿，在法国去世。李石曾因忙于国务外交未亲自视疾。

1941 年　六十一岁。3月，李石曾临危受命，面见法国总理达鲁弟，最终改变了法国立场，拒绝承认汪伪政权。

12 月 7 日，李石曾在有美国、英国、苏联、荷兰、比利时等国大使、公使和领事出席的晚宴上，再三强调"中国人决不会投降"。次日，他离开重庆飞赴旧金山，途经夏威夷，遭遇日本空袭珍珠港，亲历太平洋战争爆发，当日接受英文版《自由世界》记者采访，后发表《风云剧变之日飞渡太平洋》一文。

12 月，夫人姚同宜病逝于法国里昂，李石曾此时远在美国未及奔丧。

是年，李石曾在上海成立"世界素食同志联合会"。

1942 年　六十二岁。秋，《李石曾先生六十岁纪念论文集》由北平出版社出版，内收理化、生物、地学及科学史等有关论文 13 篇。

12 月，李石曾在美国纽约主持召开第一次世界国际社会大会，旨在向全世界呼吁和平，反对战争。美国总统罗斯福夫人主持了闭幕式。在这次会议上，李石曾与犹太妇女活动家茹素（Rosenberg）萍水相逢，坠入爱河。

是年，李石曾在纽约创办中文版《自由世界》月刊，呼吁和平，反对战争。

1943 年　六十三岁。1 月，李石曾与茹素在纽约同居，并订有婚约。张静江为证婚人。

1944 年　六十四岁。李石曾与张静江在纽约发起"稚晖大学"，并在华侨中募捐，建设纪念建筑房屋一幢。

是年，因在抗日战争中做出的贡献，李石曾被国民政府授予一等卿云勋章。

1945 年　六十五岁。5 月，李石曾继续当选国民党第六次代表大会监察委员。

10 月，李石曾被国民政府继续聘任为北平研究院院长。

1946 年　六十六岁。5 月，李石曾任世界书局总经理，实际总管书局经营；邀请杜月笙入股，并出任董事长。组织编纂《世界学典》《中华全书》。世界书局短时间出版了大量优秀图书，成为国内三大出版商之一。

是年，李石曾在昆明主持召开北平研究院学术会议第一次全会。北平研究院除生理所暂设上海外，其余各所均迁返北平。

1947 年　六十七岁。1月，李石曾致电茹素，解除婚约。

2月2日，李石曾与林素珊女士在上海举行婚礼，成为沪上轰动新闻。

是年，李石曾与张静江出版发行《世界农村》月刊，以期将此作为"世界上中国国际的农村问题试验所"，研讨并推动战后中国农村的复兴与建设。重印《新世纪》杂志。

1948 年　六十八岁。年初，李石曾征得唐代颜真卿《刘中使帖》、宋代朱熹手札二卷，以及郑板桥、董其昌、吴昌硕等手迹。老友沈尹默遵嘱撰写《题李石曾所藏六代文献真迹》一文。

春，李石曾携全家及经济金融界人士组织"世界互助旅行团"，考察台湾。

7月，李石曾携夫人林素珊由上海返抵北平，参与筹备北平研究院学术会议及主持第二次开幕典礼。这是李石曾最后一次回到北平。

9月9日，李石曾参加北平研究院成立19周年纪念会。

是年，李石曾被聘为首批总统府资政。

1949 年　六十九岁。1月，人民解放军兵临北平城下，李石曾飞赴广州、上海等地，做公私迁移准备。

12月，李石曾赴香港，观望时局变化。其间，中国农工银行香港分行倒闭，女儿李亚梅、女婿朱广才因病返回北平，遂和儿子李宗伟等人商议，组织巴西农业开发旅行团远赴南美。夫人林素珊同行。后在邮轮上偶遇乌拉圭大学教授何笃修博士，邀请其上岸。

是年，李石曾辞去中国农工银行董事长一职。

1950 年　七十岁。2 月，李石曾与夫人林素珊定居乌拉圭首都蒙得维的亚。

5 月，李石曾生日之际，好友吴稚晖从台北寄来贺诗：人生七十古来稀，喜有艳妻方与齐。画眉举案并相祝，百岁巍坊可预题。

是年，得乌拉圭政府赞助 2 万美元搬迁费用，李石曾将在瑞士日内瓦的中国国际图书馆迁移蒙得维的亚。

1951 年　七十一岁。8 月，李石曾飞抵台北，参加杜月笙葬礼。

是年，在乌拉圭的中国国际图书馆开馆。

1952 年　七十二岁。李石曾在法国巴黎主持举办世界社团联合会。在台湾出席国民党第七次代表大会，继续当选中央评议委员。业余研究中国文字，提出"七书"文字改革主张。

1953 年　七十三岁。5 月，李石曾出席国民党七届二中全会。

10 月，吴稚晖逝世，李石曾书写挽联：五十年来谊若弟兄，情若骨肉，那堪小别便永别；三千载后书同文字，车同轨迹，方知先生真长生。

1954 年　七十四岁。2 月 1 日，夫人林素珊遽然辞世，李石曾悲痛至极，亲视含殓，葬于蒙得维的亚公墓。

李石曾从乌拉圭飞抵台北，在中央公园做一小时讲演《世界文化》。

1956 年　七十六岁。李石曾定居台湾。主持召开世界社成立 50 周年纪念暨素食同志纪念会。出席孔子诞辰纪念会，并作主旨演讲。

1957 年　七十七岁。7 月 28 日，李石曾和四十二岁的田宝田在台北结婚。齐如山为证婚人。

是年，李石曾发起中国集文运动，成立中国集文会。

1958 年　七十八岁。李石曾主持吴稚晖诞辰 95 周年展览，展出诗文、画作百余件。择定阿里山麓嘉义县弥陀寺北侧为校址，与邓传楷共同发起筹创"稚晖初级中学"。

1959 年　七十九岁。李石曾将世界社寓所改建为"恒杰堂"，成为台北文化地标；将书房改称"高阳台"，以慰思乡之情。

1960 年　八十岁。5 月，李石曾与夫人田宝田避寿旅馆，仅接受 1 个蛋糕，12 只花篮，若干寿联；收到乌拉圭中国文化研究班学生的五言诗韵祝寿文，李石曾以一首诗作回复。

是年，夫人田宝田创作的小说《赠君明珠》出版。

1961 年　八十一岁。李石曾亲自督印文集《石僧笔记》出版。主编"世界文学大系外国之部"，由台湾启文书局出版。

1962 年　八十二岁。李石曾在恒杰堂组织书法展览。

是年，夫人田宝田移居美国纽约。

1964 年　八十四岁。3 月，李石曾参加吴稚晖诞辰百年铜像揭幕典礼。

是年，李石曾飞赴乌拉圭处理公私事宜，会见亲朋好友。

1965 年 八十五岁。李石曾主持印行自编的《世界社团出版机构历年出版书刊目录册》，凡 55 种。飞赴法国、美国处理公私事宜，会见亲朋好友。

1966 年 八十六岁。李石曾主持改选世界书局董事会，推举成舍我担任董事长。将自己在世界书局、江南汽车公司的股份，入股创办世界新闻专科学校。

1967 年 八十七岁。李石曾再次冒险长途旅行，飞赴乌拉圭等地，在亲创的李林书屋及高阳李氏图书馆（重文馆）内检视所藏书画珍品；此行携回颜真卿《刘中使帖》。

1968 年 八十八岁。李石曾再一次飞赴乌拉圭，继续题识重文馆旧藏。

1969 年 八十九岁。李石曾在乌拉圭写作《百世纪谈》，检讨一生的行谊与作为。

1970 年 九十岁。李石曾最后一次飞赴乌拉圭，主持中国文化复兴委员会乌拉圭分会活动，写作、讲演不辞辛劳。重印《世界》画报。

1971 年 九十一岁。李石曾不慎摔伤左腿，两月后康复。遂将毕生收藏的唐、宋、清、民初名人书画札 840 件，捐赠给台北故宫博物院。

1972 年　九十二岁。李石曾续草遗嘱总则四条：基本大端社会化，一切所有皆归世界社，化私为公，如死在一年之内，此为遗嘱，如死在一年之后，随时随地加以调整补充申述，但大端则永不变。发表《李石曾减绝食致全世界全中国同志书》。

1973 年　九十三岁。9 月 30 日，李石曾因急性消化道出血，并拒绝抽血化验，下午 3 时逝世，葬于台北阳明山。

2006 年　冥诞一百二十六岁。河北省高阳县"布里留法工艺学校旧址"被命名为全国重点文物保护单位。

2017 年　冥诞一百三十七岁。国内首个"李石曾生平展"在高阳开幕。

2023 年　冥诞一百四十三岁。5 月，孙女李爱莲将一尊李石曾铜像由台湾归安故里高阳。

后记：石僧门下告白

生于冀中高阳，知道家乡一带是"北方实学"的衍生地。颜习斋、李恕谷、孙奇逢、齐褉亭，还有本书的主人公李石曾，都是这一学派的典型代表。用一句话来形容他们一生的所作所为，我觉得这句"知一丈，莫若行一尺"便足以概括。当然，颜李学派也好，孙征君先生也好，更多的是理论上的建树，而李石曾先生神龙见首不见尾的创大业、干大事的精神与实践，则为"北方实学"实实在在地增添了许多生动扎实的内容和生机。本书只不过较为完整地叙说了李石曾丰富的创业经历和心路历程，但做大事，不做大官；胼手胝足，则雄杰之余勇耳。这是哪个年代都不会褪色的人生信念吧。

科技救国，教育救国，实业救国，李石曾都勉力实践了，在海峡两岸中国人的心中，他是一个圣人，因为他没有私产，没有私欲，他给中华大地留下了一座故宫博物院，留下了扳着指头数不过来的大学、中学、小学和文化机构。文化教育，始终是李石曾"牺牲性命以办事"的重中之重，生命所系。后学曾以此联挽李石曾先生：

生于鼎食侯门，荫袭厚爵，痛国事蜩螗，投身革命，捐弃富贵荣华如敝屣；

游学民主欧陆，备尝艰苦，争民族自由，振臂高呼，团结铁血同盟成大志。

多少年来几代人向我口述李石曾先生生命过往的李氏后人们，你们的讲述，我不仅牢记在心，并且不遗余力在向更多的听众讲述。感谢李石曾先生的亲属朱敏言、朱敏达、朱珠、朱斌、刘伯理等亲人为本书所做的贡献。感谢河南文艺出版社编辑陈静女士的不放弃，严要求，鼓励和鞭策，历时经年，终使这部书稿没有半途而废。

读者朋友们，我有一方闲章，叫"石僧门下"，面对长达一个世纪不敷衍不歇息不做作的文化教育界的人瑞、大佬，我的这支秃笔真的很稚嫩，但我的心是真诚的，各位有幸读到这部书的朋友，我恭呈了。

2024 年 12 月于高阳

图书在版编目(CIP)数据

我是一颗大豆:李石曾传 / 史克己著. -- 郑州:河南文艺出版社,2025.5

ISBN 978-7-5559-1562-1

Ⅰ.①我… Ⅱ.①史… Ⅲ.①李石曾(1881-1973)-传记 Ⅳ.①K825.46

中国国家版本馆 CIP 数据核字(2024)第 066732 号

选题策划	陈　静	
责任编辑	陈　静　张　娟	
装帧设计	刘婉君	
责任校对	梁　晓	

出版发行	河南文艺出版社
社　　址	郑州市郑东新区祥盛街 27 号 C 座 5 楼
承印单位	郑州新海岸电脑彩色制印有限公司
经销单位	新华书店
开　　本	700 毫米 × 1000 毫米　1/16
印　　张	19.25
字　　数	246 000
版　　次	2025 年 5 月第 1 版
印　　次	2025 年 5 月第 1 次印刷
定　　价	76.00 元

印厂地址　河南省郑州市管城回族区鼎尚街 15 号郑州日报社印务中心生产车间 1 号楼

邮政编码　451200　　电话　0371-55189150